A MENTE NAUFRAGADA

MARK LILLA

A MENTE NAUFRAGADA

SOBRE O ESPÍRITO REACIONÁRIO

Tradução de
CLÓVIS MARQUES

1ª edição

EDITORA RECORD
RIO DE JANEIRO • SÃO PAULO
2018

CIP-BRASIL. CATALOGAÇÃO NA PUBLICAÇÃO
SINDICATO NACIONAL DOS EDITORES DE LIVROS, RJ

L694m
Lilla, Mark
A mente naufragada: sobre o espírito reacionário / Mark Lilla; tradução de Clóvis Marques. - 1ª ed. - Rio de Janeiro: Record, 2018.

Tradução de: The shipwrecked mind: on political reaction
ISBN: 978-85-01-10993-4

1. Ciência política. 2. Filosofia. I. Marques, Clóvis. II. Título.

17-41304

CDD: 320
CDU: 32

Copyright © Mark Lila, 2016; NYREV, Inc., 2016

Título original em inglês: The shipwrecked mind: on political reaction

Todos os direitos reservados. Proibida a reprodução, armazenamento ou transmissão de partes deste livro, através de quaisquer meios, sem prévia autorização por escrito.

Texto revisado segundo o novo Acordo Ortográfico da Língua Portuguesa.

Direitos exclusivos de publicação em língua portuguesa para o Brasil adquiridos pela
EDITORA RECORD LTDA.
Rua Argentina, 171 - 20921-380 - Rio de Janeiro, RJ - Tel.: (21) 2585-2000, que se reserva a propriedade literária desta tradução.

Impresso no Brasil

ISBN 978-85-01-10993-4

Seja um leitor preferencial Record.
Cadastre-se em www.record.com.br e receba informações sobre nossos lançamentos e nossas promoções.

EDITORA AFILIADA

Atendimento e venda direta ao leitor:
mdireto@record.com.br ou (21) 2585-2002.

Para A. S. e D. L.
compagnons de route

Sumário

Introdução: A mente naufragada — 9

Pensadores

    A batalha pela religião: Franz Rosenzweig — 21

    O escáton imanente: Eric Voegelin — 37

    Atenas e Chicago: Leo Strauss — 51

Correntes

    De Lutero ao Walmart — 69

    De Mao a São Paulo — 83

Eventos

    Paris, janeiro de 2015 — 97

Posfácio: O cavaleiro e o califa — 115

Agradecimentos — 125

Introdução

A mente naufragada

> *Para os olhos que se voltaram para o passado,*
> *não pode haver remédio completo.*
> — George Eliot

O que é reação? Se consultarmos qualquer biblioteca universitária razoável, encontraremos centenas de livros sobre a ideia de revolução em todas as principais línguas do mundo. Sobre a ideia de reação, mal será possível encontrar uma dúzia. Dispomos de teorias sobre por que a revolução acontece, o que determina seu êxito e por que ela acaba consumindo seus jovens. Mas não temos teorias dessa natureza sobre a reação, apenas a presunçosa convicção de que ela se enraíza na ignorância e na intransigência, se não em motivos ainda mais inconfessáveis. Isto é desconcertante. O espírito revolucionário que inspirou movimentos políticos em todo o mundo ao longo de dois séculos pode ter desaparecido, mas o espírito da reação que surgiu para enfrentá-lo sobreviveu e está provando ser uma força histórica igualmente potente, do Oriente Médio à classe média americana. Esta ironia deveria espicaçar nossa curiosidade. Mas, pelo contrário, provoca uma espécie de soberba indignação que em seguida cede lugar ao desespero. O reacionário é o derradeiro "outro" relegado às margens da investigação intelectual respeitável. Não o conhecemos.

A palavra "reação" tem uma história interessante. Entrou no século XVIII para o vocabulário do pensamento político europeu, que dela se apropriou nos tratados científicos de Isaac Newton. Em sua influente obra *O espírito das leis*, Montesquieu retratava a vida política em termos dinâmicos, como uma infindável série de ações e reações. Ele identificava na revolução um desses atos políticos, considerando-a, contudo, rara e imprevisível. Uma revolução poderia transformar uma monarquia numa democracia, outra viria então para transformar uma democracia numa oligarquia. Não havia como prever o resultado das revoluções, ou os tipos de reações que acaso provocariam.

A Revolução Francesa mudou o significado de ambos os termos. Mal estourou a revolta em Paris e os observadores começaram a desenvolver histórias que haveriam de transformar a Revolução no pivô da história do mundo. Os jacobinos mudaram o calendário para o Ano I, para assinalar a ruptura, e mudaram também os nomes dos meses, para que nenhum cidadão confundisse o presente com o passado. Toda a história anterior adquiriu o significado de uma preparação para aquele acontecimento, e todos os atos futuros poderiam agora ser orientados para o fim predeterminado da história, que era a emancipação humana. Como seria então a vida política? Hegel considerava que significaria o estabelecimento de modernos Estados--nações burocráticos; Marx imaginou um não Estado comunista povoado por homens livres que pescariam de manhã, criariam gado à tarde e criticariam depois do jantar. Mas essas diferenças eram menos importantes que a confiança na inevitabilidade da chegada. O rio do tempo flui em uma única direção, achavam; inverter a corrente é impossível. No período jacobino, quem quer que resistisse à correnteza do rio ou mostrasse entusiasmo insuficiente a respeito da chegada ao destino era considerado "reacionário". A palavra ganhou a conotação moral negativa que ainda hoje tem.

Ao longo do século XIX, todavia, ficou evidente que nem todos os críticos da Revolução eram reacionários no sentido estrito. Liberais reformistas como Benjamin Constant, Madame de Staël e Tocqueville consideravam que o colapso do antigo regime fora inevitável, mas não o Terror que se seguiu, o que significava que a promessa da Revolução ainda podia ser reabilitada. Conservadores como Edmund Burke rejeitavam o radicalismo da Revolução, mas especialmente o mito histórico que posteriormente se desenvolveu em torno dela. Burke considerava que a ideia de história como uma força impessoal que nos conduz a destinos fixos era tanto falsa quanto perigosa, pois poderia ser usada para justificar crimes em nome do futuro. (Os reformistas liberais e socialistas tinham a preocupação adicional de que estimulasse a passividade.) Para Burke, a história se desdobra lenta e inconscientemente ao longo do tempo, com resultados que ninguém pode prever. Se o tempo for um rio, será então como o delta do Nilo, com centenas de tributários se espraiando em todas as direções possíveis e imagináveis. O problema começa quando governantes ou partidos no poder julgam-se capazes de prever em que direção a história já se encaminha. Isto foi demonstrado pela própria Revolução Francesa, que, em vez de acabar com o despotismo europeu, teve como involuntárias consequências imediatas levar um general corso ao trono imperial e dar origem ao moderno nacionalismo — resultados que nenhum jacobino previu.

Os reacionários não são conservadores. É a primeira coisa que se deve entender a seu respeito. À sua maneira, são tão radicais quanto os revolucionários e não menos firmemente presos nas garras da imaginação histórica. As expectativas milenaristas de uma nova ordem social redentora e de seres humanos rejuvenescidos inspiram os revolucionários; os reacionários são obcecados pelo medo apocalíptico de entrar numa nova era de escuridão. Para os primeiros pensadores contrarrevolucionários, como Joseph de Maistre, o ano de 1789 assinalou o fim de uma jornada gloriosa, não o início. Com espantosa velocidade, a sólida civilização constituída pela Europa católica foi reduzida a uma portentosa ruína. O que não poderia ter sido mero acidente. Para explicá-lo, Maistre e seus muitos descendentes passaram a contar uma espécie de história de terror. Ela relatava, não raro de maneira melodramática, que séculos de desdobramentos culturais e intelectuais haviam culminado no Iluminismo, que corroía o antigo regime de dentro para fora, o que o fez desmoronar no momento em que veio a ser desafiado. Esta história tornou-se então o modelo da historiografia reacionária na Europa, e logo também no resto do mundo.

Post hoc, propter hoc é a profissão de fé do reacionário. Sua história começa com um Estado feliz e ordenado no qual as pessoas que conhecem seu devido lugar vivem em harmonia, submissas à tradição e a seu Deus. Vêm então ideias alienígenas promovidas por intelectuais — escritores, jornalistas, professores — questionar essa harmonia, e a vontade de preservar a ordem é debilitada no topo da pirâmide. (A traição das elites é o esteio de toda narrativa reacionária.) Uma falsa consciência logo se abate sobre a sociedade como um todo, à medida que ela caminha deliberada e mesmo alegremente para a destruição. Só aqueles que guardaram lembrança das velhas práticas são capazes de ver o que está acontecendo. Depende exclusivamente da sua resistência se a sociedade será capaz de inverter esse direcionamento ou se precipitará na própria ruína. Hoje, os islamistas políticos, os nacionalistas europeus e a direita americana contam basicamente a mesma história aos seus filhos ideológicos.

A mente reacionária é uma mente naufragada. Onde os outros veem o rio do tempo fluindo como sempre fluiu, o reacionário enxerga os destroços do paraíso passando à deriva. Ele é um exilado do tempo. O revolucionário vê o futuro radioso que os outros não são capazes de ver, e com isto se exalta. O reacionário, imune às mentiras modernas, vê o passado em todo o seu esplendor, e também se sente exaltado. Sente-se em mais forte posição que o adversário por se julgar guardião do que de fato aconteceu, e não profeta do que poderia ser. Isso explica o desespero estranhamente arrebatador que permeia a literatura reacionária, seu palpável senso de missão — tal como exposto pela revista reacionária americana *National Review* em seu primeiro número, a missão consistia em "posicionar-se contra a história, gritando 'Pare!'". A combatividade da sua nostalgia é o que torna o reacionário uma figura tipicamente moderna, e não tradicional.

Ela também explica a duradoura vitalidade do espírito reacionário, mesmo na ausência de um programa político revolucionário. Levar hoje em

INTRODUÇÃO

dia uma vida moderna em qualquer parte do mundo, sujeito a constantes mudanças sociais e tecnológicas, é vivenciar o equivalente psicológico de uma revolução permanente. Marx não podia estar mais certo ao observar que tudo que é sólido se dissolve no ar e tudo que é sagrado vem a ser profanado; só se equivocou ao presumir que a abolição do capitalismo por si só seria capaz de devolver peso e inviolabilidade ao mundo. O reacionário aproxima-se mais da verdade em sua mitificação histórica ao culpar a modernidade *tout court*, cuja natureza é se modernizar perpetuamente. A ansiedade em relação a esse processo é hoje em dia uma experiência universal, e por este motivo as ideias reacionárias antimodernas atraem em todo o mundo adeptos com pouco em comum, à parte o sentimento de traição histórica. Toda grande transformação social deixa para trás o frescor de um Éden que pode servir de objeto para a nostalgia de alguém. E os reacionários da nossa época descobriram que a nostalgia pode ser uma forte motivação política, talvez mais poderosa até que a esperança. As esperanças podem ser desiludidas. A nostalgia é irrefutável.

A mente do revolucionário moderno tem sido objeto de grande literatura. Mas o reacionário ainda não encontrou seu Dostoievski nem seu Conrad.*
O sacerdote retrógrado e sexualmente reprimido, o brutamontes sádico de direita, o pai ou marido autoritário são caricaturas bem conhecidas da nossa literatura e da nossa cultura visual. Sua onipresença é um sinal daquele tipo de preguiça de imaginação que acomete os filmes B, botando chapéus brancos na cabeça dos xerifes e pretos na dos bandidos. Mas o reacionário

---

* A grande exceção é Thomas Mann. Seu personagem Leo Naphta, em *A montanha mágica*, é uma brilhante criação: um judeu tuberculoso convertido ao catolicismo, que se tornou padre jesuíta para então desenvolver pelo comunismo uma simpatia que bem poderia ter sido pelo fascismo. Naphta é levado a uma espécie de histeria intelectual pela nostalgia da Idade Média e pela convicção de que a história moderna saiu terrivelmente dos trilhos. Acredita que só uma revolução violenta para restabelecer a autoridade absoluta poderá redimir a espécie humana. O fato de Mann ter se inspirado para esse personagem no filósofo e revolucionário marxista György Lukács bem demonstra como entendia as afinidades entre o revolucionário e o reacionário. E o fato de Lukács não se ter reconhecido nos traços de Mann mostra como se conhecia pouco.

politicamente engajado é movido por paixões e suposições não menos compreensíveis que as dos revolucionários engajados, desenvolvendo teorias não menos sofisticadas para explicar o curso da história e esclarecer o presente. É mero preconceito considerar que os revolucionários pensam, ao passo que os reacionários apenas reagem. Seria simplesmente impossível entender a história moderna sem entender de que maneira a nostalgia política reacionária ajudou a moldá-la, ou compreender o presente sem reconhecer que, como um autoexilado, e tanto quanto o revolucionário, ele pode às vezes enxergar com mais clareza que aqueles que nele se sentem em casa. Em nosso próprio benefício, precisamos entender suas esperanças e medos, sua suposições, suas convicções, sua cegueira e, sim, seus *insights*.

A mente naufragada representa um começo bem modesto. É fruto das minhas leituras aleatórias nas duas últimas décadas, apresentando uma série de exemplos e reflexões, e não um tratado sistemático sobre o conceito de reação. Há algum tempo venho tentando entender melhor os dramas ideológicos do século XX, estudando para isto a maneira como certas figuras intelectuais exemplares foram por eles arrebatadas. Em 2001, publiquei *A mente imprudente*, coletânea de ensaios que eu escrevera retratando pensadores que se sentiram atraídos a apoiar ou desacreditar as realidades de tiranias modernas como a Alemanha nazista, a União Soviética, a China e a república teocrática do Irã.* Minha expectativa era lançar luz sobre o que chamava de tiranofilia, a narcisista atração de certos intelectuais por tiranos que eles imaginam estar traduzindo suas próprias ideias em realidade política.

Ao trabalhar nesse livro, comecei a notar uma força diferente que moldava a imaginação de pensadores políticos e movimentos ideológicos no século XX: a nostalgia política. A nostalgia baixou como uma nuvem sobre o pensamento europeu depois da Revolução Francesa e nunca mais se afastou totalmente. Tornou-se particularmente forte após a Primeira Guerra Mun-

---

* *The Reckless Mind: Intellectuals in Politics* (New York Review Books, 2001). [Edição brasileira: *A mente imprudente*. Rio de Janeiro: Record, 2017. (*N. do E.*)]

dial, que ocasionou um tipo de desespero — "o fim da civilização tal como a conhecemos" — diferente do que fora experimentado pelos adversários da Revolução depois de 1789. Essa angústia só veio a se intensificar depois da Segunda Guerra Mundial, da revelação da Shoah, do uso de armas nucleares e sua subsequente proliferação. Essa série de catástrofes clamava por uma explicação. E então uma miríade de pensadores — filósofos, historiadores, teólogos — começou a oferecê-la. O primeiro foi Oswald Spengler em seu estudo *A decadência do Ocidente* (1918-1923), de enorme influência. Uma infinidade de declinistas concorrentes viria a seguir seu exemplo, todos afirmando ter descoberto a ideia decisiva ou o acontecimento decisivo que selou nosso destino. Desde a década de 1950, esta tem sido uma literatura popular e crescente na direita europeia e americana. Mas seus clichês também podem ser encontrados na esquerda marginal, na qual ecologistas apocalípticos, antiglobalistas e militantes contra o crescimento cerraram fileiras com os reacionários do século XXI. Numa narrativa menos conhecida, traços da mitificação histórica de Spengler também aparecem nos escritos de islamistas políticos radicais, cuja história do resvalar do Ocidente secular para a decadência, com o inevitável triunfo de uma vigorosa religião renovada, apresenta impressões digitais europeias por todo lado.

A mente naufragada começa com ensaios sobre três pensadores do início do século XX cuja obra está permeada de nostalgia moderna — Franz Rosenzweig, Eric Voegelin e Leo Strauss. Rosenzweig foi o menos explicitamente político dos três. Judeu alemão que começou como estudioso dos escritos políticos de Hegel, ele abandonou a filosofia às vésperas da Primeira Guerra Mundial para dedicar o resto de sua breve vida à revitalização do pensamento e da prática judaicos. Sua nostalgia era complexa. Ele estava convencido de que o fato de o judaísmo não ter sido capaz de encontrar um lugar na moderna sociedade europeia decorria em parte de uma tentativa de se reformular de acordo com conceitos modernos de progresso histórico enraizados no cristianismo. Mas não acreditava que uma volta à simples ortodoxia pré-moderna fosse possível ou sequer desejável. O que propunha era um "novo pensamento" que desse as costas à história para recapturar a vital essência transcendente do judaísmo. "A batalha contra a história no sentido do século XIX", escreveu, "torna-se para nós a batalha pela religião no sentido do século XX".

Os ensaios sobre os filósofos Voegelin e Strauss formam um par. Ambos deixaram a Europa na década de 1930 e fizeram carreiras muito bem-sucedidas depois da guerra nos Estados Unidos, onde conquistaram ardorosos seguidores. Como muitos dos seus contemporâneos, consideravam urgente explicar o colapso da democracia e a ascensão do totalitarismo em termos de uma desastrosa ruptura na história das ideias, após a qual se instaurou o declínio intelectual e político. Em seus extensos escritos sobre religião e política, Voegelin acabaria por determinar o antigo gnosticismo religioso como a força que levou o Ocidente para o desastre. Strauss desenvolveu uma visão sutil e muito mais profunda da história da filosofia ocidental, com base em cuidadosos estudos de pensadores, indo de Platão a Nietzsche. Do seu ponto de vista, Maquiavel foi responsável pela decisiva ruptura histórica no interior da tradição filosófica, fazendo-a passar da pura contemplação e prudência política para um deliberado controle da natureza. Embora as respectivas visões da história intelectual ocidental fossem incompatíveis, ambos contribuíram para desenvolver a imaginação histórica dos intelectuais americanos de direita. Este episódio não deixa de ter suas ironias. Pois, ao aprender a contar uma história que idealiza uma América perdida — para então culpar ideias europeias por sua destruição —, eles reproduzem involuntariamente um pessimismo cultural dos mais europeus. Um perfeito exemplo é *The Closing of the American Mind* [O fechamento da mente americana], de Allan Bloom, discípulo de Strauss, no qual, depois de capítulos sobre a força destruidora do niilismo europeu, encontramos a confiante declaração de que, "seja em Nuremberg ou em Woodstock, o princípio é o mesmo".

Depois desses retratos, examino dois movimentos intelectuais contemporâneos cuja retórica também transita pela nostalgia, embora com finalidades muito diferentes. Começo com o teoconservadorismo, importante corrente de direita americana na qual convergem católicos tradicionais,

INTRODUÇÃO 17

protestantes evangélicos e judeus neo-ortodoxos que, não obstante suas diferenças doutrinárias, partilham uma categórica condenação do declínio cultural da América e de sua decadência, pelos quais culpam movimentos reformistas no interior dessas denominações e aquilo que identificam como um ataque secular à religião de maneira mais genérica. Sua atenção tende a concentrar-se nos "anos 1960" como a mais significativa ruptura na história política e religiosa americana, mas outros teoconservadores mais ambiciosos voltaram-se para períodos muito anteriores, chegando até a teologia católica medieval, para localizar onde começou a ladeira escorregadia. Volto-me em seguida para um pequeno mas intrigante movimento da extrema esquerda acadêmica que focaliza a religião de uma perspectiva muito diferente. Seus adeptos lançam um olhar nostálgico para movimentos revolucionários do passado, e às vezes até para Estados totalitários do século XX. O que eles têm em comum é o fascínio pela "teologia política" e seu mais destacado teórico, o nazista e ex-especialista em questões jurídicas Carl Schmitt.* Tendo desistido da teoria marxista da história e de seu materialismo determinista, mas ao mesmo tempo rejeitando o consenso neoliberal posterior a 1989, eles hoje encaram a revolução como um "acontecimento" teológico-político que revela um novo dogma e impõe uma nova ordem que vai de encontro à aparente desorientação da história. A seus olhos, há profundas afinidades entre São Paulo, Lenin e o presidente Mao.

O que se segue a esses capítulos é um ensaio sobre um acontecimento específico: os mortíferos atentados terroristas cometidos por jihadistas franceses em Paris em janeiro de 2015. Eu vivia em Paris nesse momento e fiquei impressionado com a convergência de duas formas de reação no incidente e no que se seguiu. Por um lado havia a nostalgia dos assassinos, de baixo nível educacional, por um glorioso passado muçulmano imaginário que hoje inspira sonhos de um moderno califado de ambições globais. Por outro, a nostalgia de intelectuais franceses que viam no crime uma confirmação de sua visão fatalista sobre o declínio da França e a incapacidade da Europa

---
* Ver o capítulo sobre Schmitt em *A mente imprudente*.

de se afirmar diante de um desafio civilizatório. O episódio todo evocava o período entre as duas guerras mundiais, quando um ansioso pessimismo cultural comum a todo o espectro político se nutria da realidade da violência política e de fantasias sobre o curso catastrófico da história.

A mente naufragada conclui com uma meditação sobre a persistente força psicológica da nostalgia política, começando com a tragicômica tentativa de Dom Quixote de reviver uma Época de Ouro. A nostalgia política reflete uma espécie de pensamento mágico sobre a história. A vítima acredita que existiu uma Época de Ouro bem delimitada e que possui um conhecimento esotérico dos motivos de seu fim. Mas ao contrário do revolucionário moderno, cujos atos inspiram-se na crença no progresso e numa iminente emancipação, o revolucionário nostálgico não sabe ao certo como conceber o futuro e agir no presente. Deveria simplesmente retirar-se e se tornar um emigrante interno, um resistente secreto? Deveria liderar a investida de volta ao passado em toda a sua glória? Ou lutar por um futuro que seja uma versão ainda mais gloriosa dele? Dom Quixote luta com todas essas possibilidades. Sua busca pessoal tem tanto a nos dizer sobre as ideias e paixões por trás dos dramas políticos coletivos da nossa época quanto qualquer análise erudita sobre as forças sociais, econômicas e culturais. Parecemos ter esquecido que essas forças só têm força quando filtradas pela visão de mundo subjetiva de seres humanos, as ideias e imagens de que se valem para dar sentido às coisas. Quanto mais encantados nos tornamos com nossa psique individual, menos capazes nos tornamos de entender a psicologia das nações, dos povos, das religiões e dos movimentos políticos. O fato de o presente ter se tornado tão ilegível para nós deve-se em grande parte a esse desequilíbrio. *A mente naufragada* foi concebido como uma pequena contribuição para corrigi-lo.

A batalha pela religião

Franz Rosenzweig

> *O Segundo Templo não era como o Primeiro.*
> — John Dryden

Franz Rosenzweig nasceu no dia de Natal de 1886 numa família judia assimilada de Kassel, Alemanha. Apesar da longa tradição de aprendizado religioso na família, Franz teve apenas uma introdução superficial à vida judaica em casa, onde o sabá não era celebrado. A família esperava que ele fizesse carreira na medicina, mas na Universidade de Freiburg seu interesse voltou-se para a filosofia e a história moderna, sob a influência do ilustre professor Friedrich Meinecke, que supervisionou sua tese de doutorado. Bom aluno, Rosenzweig apresentava nos anos anteriores à Primeira Guerra Mundial todos os sinais de vinculação à vida acadêmica convencional.

Na vida particular, contudo, preocupava-se com questões religiosas e filosóficas que a erudição não podia ajudá-lo a resolver. Alguns parentes e amigos judeus haviam se convertido ao cristianismo, embora não pelos motivos sociais habituais. Nos primeiros anos do século XX, um certo clima kierkegaardiano se estabeleceu na vida intelectual alemã, uma sensação de que a unificação política, o florescimento de uma rica cultura burguesa e o triunfo da moderna visão de mundo científica extinguiam algo essencial que só poderia ser recuperado por um salto religioso. O título de um dos mais influentes livros da época capturava à perfeição esse clima: *O sagrado: os aspectos irracionais na noção do divino e sua relação com o racional* (1917), do teólogo protestante Rudolf Otto. Rosenzweig sentiu essa atração pelo além, ficando particularmente impressionado com seu amigo Eugen Rosenstock-Huessy, um judeu convertido ao cristianismo que mais tarde faria carreira como historiador nos Estados Unidos. Em conversas e cartas, Rosenstock-Huessy tentava convencê-lo de que, em termos históricos, o cristianismo era a religião final e mais completa. E assim, no verão de 1913, Rosenzweig anunciou sua intenção de também se converter, declarando à mãe, perplexa, que o Novo Testamento era verdadeiro e que "só existe um caminho, Jesus".

O que viria em seguida já é lenda. Antes de se converter ao cristianismo, segundo se diz, Rosenzweig decidiu comparecer uma última vez ao serviço de Yom Kippur, onde vivenciou o que poderia ser chamado de uma contraconversão preventiva, e resolveu naquele momento dedicar-se ao judaísmo. Foi este pelo menos o relato da mãe de Rosenzweig. Ele próprio jamais escreveria sobre o incidente, e cabe duvidar de que tivesse descrito um despertar tão melodramático, quase cristão. Ainda assim, sabemos por suas cartas que algo importante de fato aconteceu no outono de 1913, possibilitando-lhe escrever a um dos primos convertidos: "Voltei atrás em minha decisão. Já não me parece mais necessária, nem, portanto, sendo o que sou, possível. Continuarei sendo judeu."

Rosenzweig manteve a palavra. Naquele mesmo outono, começou a se encontrar com o eminente filósofo neokantiano Hermann Cohen, que, depois de se aposentar na Universidade de Marburg, ensinava filosofia num instituto judaico em Berlim, no qual Rosenzweig estudava hebraico e o Talmude. Também se encontrava com Martin Buber, que se tornaria um amigo e colaborador pelo resto da vida, e começou a escrever ensaios sobre a natureza do judaísmo. Ao irromper a guerra, Rosenzweig foi enviado para uma unidade antiaérea na frente macedônia, relativamente tranquila. Dispunha assim de tempo para dar prosseguimento a seus estudos e até para se encontrar com alguns judeus sefarditas, que o impressionaram com sua vida de devoção simples. Na Macedônia, Rosenzweig também começou a trabalhar num livro que viria a se intitular *A estrela da redenção*, um exercício no que ele mesmo chamou de "novo modo de pensar", com um convincente, ainda que idiossincrático, relato da experiência judaica. As anotações para o livro eram copiadas em cartões-postais que ele enviava à mãe, por medida de segurança, e foi a partir delas que ele reconstruiu e publicou o livro depois da guerra.

Em 1920, trabalhando numa edição revista de *A estrela*, Rosenzweig foi chamado a Frankfurt para assumir a direção de um novo centro de estudos judaicos, o Freies Jüdisches Lehrhaus, uma das mais importantes instituições do efêmero redespertar judaico dos anos de Weimar. Também encerrou a primeira parte de sua vida publicando sua dissertação sobre a teoria hegeliana do Estado, um estudo essencial ainda hoje objeto de consulta. Seu professor Meinecke ficou tão feliz com o resultado que ofereceu a Rosenzweig uma posição de professor palestrante na universidade, que, no entanto, foi recusada. Numa eloquente carta ao perplexo Meinecke, Rosenzweig explicava que a crise espiritual de 1913 tinha deixado sua vida ao sabor de "um 'impulso sombrio' que tenho consciência de apenas *nomear* ao chamá-lo de 'meu judaísmo'". A partir desse momento, a busca do conhecimento pareceu-lhe cada vez mais inútil se não estivesse a serviço de indivíduos de carne e osso à procura de uma maneira de viver. E quando *A estrela da redenção* foi publicado no ano seguinte, recebendo poucas críticas, em geral carentes de sintonia, Rosenzweig encarou o fato estoicamente. O centro da sua vida já não era sequer o pensamento judaico, mas a renovação da própria vida judaica.

O centro de estudos de Frankfurt funcionou entre 1919 e 1926. Seus professores e alunos, num espectro que ia de futuros eruditos do judaísmo a pensadores seculares como Erich Fromm e Leo Strauss, eram submetidos a um rigoroso programa destinado a levá-los de volta das suas vidas assimiladas a um encontro direto com as fontes da tradição judaica, sem a mediação da filosofia moderna ou da teologia reformada. Mal tivera início esse meritório esforço, contudo, e Rosenzweig desenvolveu uma doença degenerativa, a esclerose lateral amiotrófica (a doença de Lou Gehrig), que segundo os médicos o levaria à morte em questão de um ano.

Desafiando esta previsão, ele ainda viveu mais sete anos, produzindo um constante fluxo de ensaios, resenhas e traduções nas mais difíceis condições imagináveis. Escreveu inicialmente numa máquina de escrever especialmente adaptada; com a falência dos músculos, passou a se comunicar com a esposa piscando à medida que ela passava seu próprio dedo num quadro com o alfabeto. Desse modo, sem jamais voltar a deixar seu apartamento, conseguiu traduzir os poemas do pensador medieval Judah Halevi, além dos dez primeiros livros da Bíblia Hebraica, em colaboração com Buber. Morreu em dezembro de 1929 em Frankfurt, onde ainda hoje se encontra sua lápide.

Em seus diários particulares, Rosenzweig deixou uma curiosa observação que vem a oferecer uma chave para entrar no seu pensamento. "A batalha contra a história no sentido do século XIX", escreveu, "torna-se para nós a batalha pela religião no sentido do século XX". O que significa batalhar contra a história? E o que vem a ser a religião — e em particular o judaísmo — "no sentido do século XX"?

Para Rosenzweig e sua geração intelectual na Alemanha, "história" significava a filosofia da história, que por sua vez significava Hegel. Ao longo do século XIX, considerava-se, corretamente ou não, que Hegel descobrira um processo racional na história do mundo que viria a culminar no moderno Estado burocrático, na sociedade civil burguesa, numa religião civil protestante, numa economia capitalista, em progressos tecnológicos e na própria filosofia de Hegel. Esta era a profecia. Mas no momento em que ela parecia estar para se concretizar, perto do fim do século XIX, instaurou-se o horror, e uma profunda reação cultural se seguiu na Alemanha e em outros países onde as ideias de Hegel eram influentes. Expressionismo, primitivismo, fascínio pelo mito e pelo oculto — abriu-se uma caixa de Pandora de movimentos e tendências. O horror era genuíno: se Hegel e seus epígonos estavam certos, toda a experiência humana tinha sido explicada racional e historicamente, anestesiando o espírito humano e impedindo a experiência de qualquer coisa genuinamente nova, pessoal ou sagrada. Isto significava, na assustadora frase de Max Weber, "o desencanto do mundo".

Fosse ou não o que Hegel pretendia, certamente foi assim que ele veio a ser entendido, mesmo no establishment filosófico alemão, que levou a sério sua alegação de ter conduzido a história da filosofia a um fim racional. A rebelião contra essa alegação assumiu muitas formas. Alguns anti-hegelianos, na esperança de restabelecer a independência do pensamento em relação à história, promoveram uma volta a pensadores anteriores, como Kant e mesmo Descartes. Outros tomaram um caminho mais subjetivo, voltando-se para Nietzsche ou para os paradoxos existenciais de Kierkegaard, que começava, no fim do século, a ser traduzido para o alemão. Esses desdobramentos, acompanhados da crescente impressão de que a consciência histórica de Hegel conduzira toda a cultura a uma crise de relativismo, frutificaram nas obras fenomenológicas de Edmund Husserl e do jovem Martin Heidegger. Rosenzweig viria a compartilhar com Heidegger a convicção de que, desde os seus primórdios, a filosofia cometera um erro ao dar as costas ao que Rosenzweig chamava de "o cotidiano da vida", perdendo-se no que Heidegger chamou de "metafísica". E esse erro só poderia ser corrigido com um novo tipo de pensamento terapêutico que devolvesse os seres humanos à experiência comum.

A exortação de Rosenzweig a uma "batalha pela religião no sentido do século XX" também se voltava contra Hegel, embora o alvo mais próximo fossem as escolas liberais de teologia que haviam dominado o pensamento religioso alemão ao longo do século XIX. A teologia liberal, representada por figuras como David Friedrich Strauss e Friedrich Schleiermacher, começou como uma tentativa de estabelecer um acordo entre as doutrinas do cristianismo protestante e o pensamento moderno, e nesse empenho Hegel revelou-se um aliado útil. Hegel não compartilhava o ponto de vista do Iluminismo francês de que a religião não passava de superstição; nem tampouco acreditava que seria extinta pela moderna conquista da natureza. Considerava que o protestantismo e o Estado moderno viviam fundamentalmente em harmonia e que, mesmo com a culminância da história, a religião continuaria desempenhando uma função quase burocrática, contribuindo para reconciliar os indivíduos com o Estado por meio da moral e da educação cívica. Os principais teólogos protestantes alemães do século XIX, ainda chamuscados dos ataques do Iluminismo, dispunham-se a aceitar essa posição limitada, mas segura no esquema hegeliano.

Por estranho que pareça hoje, muitos pensadores judeus do século XIX aspiravam à mesma posição. A emancipação dos judeus alemães no início do século acarretara a criação de uma nova disciplina intelectual, livre do restrito mundo tradicional dos rabinos e seminários rabínicos, chamada "ciência do judaísmo" (*Wissenschaft des Judentums*). Os objetivos dessa disciplina eram reformistas e apologéticos. Ao desmitificar os aspectos do judaísmo que erguiam barreiras culturais contra a entrada dos judeus nas correntes da vida moderna, o judaísmo liberal esperava esclarecer o povo judeu e torná-lo mais aceitável para os concidadãos cristãos. A insistência de Hegel em que só o protestantismo, como a mais madura forma de experiência religiosa, era compatível com a vida moderna não passava, para eles, de um detalhe. Uma vez demonstrado que os ensinamentos morais fundamentais do judaísmo, separados da ganga da superstição e da tradição, eram praticamente idênticos aos do protestantismo; uma vez tornando-se os judeus modernos cidadãos plenamente participantes de um Estado moderno; uma vez permitida, na infame formulação de Hermann Cohen, a harmonia espiritual entre *Deutschtum* e *Judentum*, o preconceito protestante, raciocinavam os judeus liberais, seria esquecido, e o lugar do judaísmo no firmamento moderno estaria assegurado.

Nas primeiras décadas do século XX, as ilusões teológico-políticas da teologia liberal estavam por demais evidentes para os protestantes e judeus mais ponderados. Após a catástrofe da Primeira Guerra Mundial, o jovem pastor suíço Karl Barth escreveu um livro explosivo intitulado *A carta aos romanos*, que lançava dúvida sobre tudo que o protestantismo liberal defendia — humanismo, Iluminismo, cultura burguesa, Estado. A exortação de Barth à derrubada dos ídolos e à tomada de uma decisão existencial, contra o espírito moderno e em favor de uma fé supra-histórica, mudou para sempre o pensamento protestante. O lugar de Rosenzweig no moderno pensamento judaico é semelhante ao de Barth entre os protestantes, com uma diferença importante. Enquanto Barth acreditava que a volta à fé fundamental de São Paulo e dos reformadores era ao mesmo tempo necessária e possível, Rosenzweig nem por um só momento considerou um retorno intelectual a qualquer tipo de judaísmo ortodoxo. Para ele — e também, acreditava, para toda a sua geração — isto seria impossível. Um século de assimilação havia gerado judeus tão atrofiados espiritualmente que não mais poderiam ser judeus num sentido pleno sem algum tipo de transformação interior. O problema da educação judaica contemporânea, escreveu Rosenzweig em 1924, era determinar "como os judeus 'cristãos', os judeus nacionais, os judeus religiosos, os judeus da autodefesa, os judeus do sentimentalismo, da lealdade, em suma, os judeus 'com hífen' gerados pelo século XIX podem mais uma vez, sem incorrer em risco para si mesmos ou para o judaísmo, tornar-se *judeus*". Considerando-se os danos causados pelo liberalismo teológico, só uma "higiene de retorno" seria capaz de renovar plenamente o povo judeu.

O conceito de retorno é o que liga as duas frentes da luta de Rosenzweig, contra a história e pela religião. A filosofia moderna, que chegou a sua culminância na filosofia da história de Hegel, separara o homem da vida, alienando-o do que lhe é mais próprio. A moderna teologia liberal, fosse cristã ou judaica, fora ainda mais longe, alienando-o do seu Deus, cujos mandamentos haviam sido reduzidos ao nível da honesta cidadania e da propriedade burguesa. Para que o homem voltasse a si mesmo e a seu Deus, para que aprendesse a viver plenamente de novo, teria de se submeter a uma espécie de terapia: não voltando atrás no tempo, mas aprendendo a escapar dele. Essa terapia é o que os escritos de Rosenzweig pretendiam proporcionar.

É compreensível que os leitores desejosos de entender Rosenzweig voltem-se em primeiro lugar para *A estrela da redenção*, sua obra magna. Mas raros são os que se adiantam muito na leitura, pois essa obra mística, fechada a sete selos, pouco contribui para explicar a intenção terapêutica de Rosenzweig. A maneira mais indicada de começar é consultar um livrinho que ele escreveu (mas não chegou a publicar) para introduzir suas ideias a um público mais amplo, e que foi traduzido para o inglês como *Understanding the Sick and the Healthy* [Para entender a doença e a saúde].* Trata-se de uma pequena obra-prima da prosa filosófica alemã, ao mesmo tempo divertida e profunda. O livro seria supostamente um relatório médico destinado a leitores comuns, passando por cima dos "especialistas", a respeito de um paciente que adoece e precisa ser curado — sendo sua doença a própria filosofia. Antes de cair de cama, o paciente exerce normalmente suas atividades no fluxo da vida, eventualmente se questionando sobre isto ou aquilo, mas no fim das contas deixa a especulação de lado para levar adiante com bom senso as tarefas da vida normal. Certo dia, contudo, não foi mais capaz de ignorar as especulações e parou com tudo; o constante fluxo da vida começou a passar por ele. Em vez de instintivamente usar palavras como "queijo", começou a pensar: "O que é queijo *essencialmente*?" O queijo tornou-se um "objeto" para ele, e ele se tornou o "sujeito", descortinando-se uma série de problemas filosóficos. Não demorou e o pobre homem já não conseguia comer queijo, nem nada mais. Seu bom senso fora atrofiado por um derrame e ele estava paralisado.

Existe cura para uma doença assim? Dos estoicos a Montaigne e Wittgenstein, há uma corrente da filosofia ocidental que entende sua missão em termos terapêuticos, no sentido de liberar as mentes da reflexão inútil ou destrutiva e reintegrá-las ao fluxo da vida. Mas Rosenzweig considerava que não era tão simples quanto induzir uma mosca a sair de uma garrafa. Como a fé religiosa sem reflexão, o bom senso se perde quando contestado ou desafiado, e uma vez perdido precisa de uma ação deliberada para ser

---

* O título alemão original — *Das Büchlein vom gesunden und kranken Menschenverstand* — contém um jogo de palavras de difícil tradução. *Gesunder Menschenverstand* pode ser traduzido literalmente como "compreensão humana saudável", mas na verdade significa "bom senso". Nesse título, Rosenzweig pretendia contrastar bom senso com uma doença intelectual para a qual não existe uma designação conveniente. Uma tradução algo canhestra, mas que captura esse contraste, poderia ser "O livreto sobre o bom senso e o pensamento doentio".

restaurado. Na história de Rosenzweig, a cura tem início quando o paciente é levado a uma visita programada ao campo nas proximidades do sanatório. A paisagem é dominada por três picos distintos, aos quais Rosenzweig dá os nomes de Deus, homem e mundo. Quando um filósofo se depara com essas massas de terra, seu primeiro instinto é escavar nelas para descobrir suas propriedades comuns. Em diferentes períodos históricos, os filósofos têm afirmado que as colinas são feitas inteiramente de Deus (panteísmo), inteiramente de homem (idealismo) ou inteiramente de mundo (materialismo), mas nunca conseguiram encontrar uma quarta substância. Isto, conjectura Rosenzweig, se deve ao fato de que ela não existe: há apenas três elementos.

Com o passar das semanas, à medida que se desloca de um pico ao seguinte, o paciente restabelece contato com esses elementos em sua integridade; e ao cabo das três semanas de tratamento finalmente pode ver Deus, o homem e o mundo pelo que são: autossuficientes, mas relacionados uns aos outros no conjunto da existência. Desse modo, ele se capacita novamente a usar a linguagem comum sem se perguntar o que está por trás dela. Ainda em convalescença, ele é mandado de volta para casa, mas deve seguir uma programação estrita, semelhante a um calendário religioso, o que lhe permite ter novamente a experiência da vida no contexto de um ciclo anual ordenado. As pernas do paciente se acostumam de novo a movimentar-se no fluxo do tempo e ele começa a viver no momento, mas também prevendo com tranquilidade sua própria morte. Sócrates considerava que só a filosofia poderia nos ensinar como morrer; o paciente de Rosenzweig encara a mortalidade purgando-se da ânsia filosófica.

É uma bela alegoria. Mas permanece a questão: por que Rosenzweig considerava que o caminho para sair da tradição filosófica podia — e, para ele, devia — levar de volta ao judaísmo?

Para responder a esta pergunta, devemos voltar-nos para *A estrela da redenção* — e imediatamente nosso caminho é barrado. Os escritos breves de Rosenzweig, diretos e envolventes, são como convites impressos para retornar ao bom senso e dar início a um novo tipo de pensar e de viver.

A *estrela*, ao contrário, é um sistema filosófico excêntrico, redigido, se não no alto estilo novecentista, certamente em concorrência com os velhos mestres. Numa época em que Heidegger e Wittgenstein já rompiam filosófica e estilisticamente com os grandes construtores de sistemas alemães, Rosenzweig tentava uma última vez ir além de Hegel. O que foi um erro fatal. Há gerações, as genuínas percepções filosóficas e religiosas do seu livro estão enterradas num emaranhado de especulações teosófico-cosmológicas, neologismos confusos e todo um pastiche de conceitos tomados de empréstimo — a respeito do pensamento, do tempo e da linguagem — que Rosenzweig insistia em considerar um "novo modo de pensar". Mas, quando se consegue ir além do que um crítico chamou de "tráfico cabalístico de símbolos" de *A estrela*, descobrimos uma profunda meditação sobre o que significa levar uma vida ao mesmo tempo plenamente reconciliada com a finitude humana e aberta à experiência da transcendência (ou "redenção") dentro dessa finitude.

A interação entre finitude e transcendência é o tema da segunda parte de *A estrela*. Aqui, Rosenzweig fala das relações entre Deus, o homem e o mundo em termos de "criação", "revelação" e "redenção", termos aos quais atribui um significado especial. Todas as religiões, inclusive as pagãs, veem o mundo e os seres humanos como criaturas dos deuses. O que distinguia o judaísmo, afirma Rosenzweig, e depois dele o cristianismo e o islã, era a descoberta de que esse mundo é mudo e inacabado se não for animado pela atividade humana e divina recíproca. Deus e o homem se encontram no momento da revelação e por ela são transformados milagrosamente, assim como o mundo. A linguagem do seu encontro é a linguagem do amor. Numa bela exposição do *Cântico dos cânticos*, Rosenzweig descreve um Deus vivo que, para se tornar mais plenamente ele mesmo, passa a se preocupar com Sua criação, infundindo-lhe amor. O homem se sente objeto desse afeto e por sua vez se transforma também, permitindo um genuíno encontro através da fala. Toda a criação tem agora uma "orientação", diz Rosenzweig, e acima de tudo o homem.

O amor revela, mas também quer preencher. Nas palavras de Rosenzweig, quer redimir, tornar Deus, o homem e o mundo inteiros e perfeitos. Mas como acontecerá essa redenção? O cristianismo e o judaísmo ortodoxos situam-na no fim dos tempos, pela vontade de Deus, ao passo que pensadores modernos como Schelling e Hegel imaginavam que a criação estava sendo levada à perfeição pelo funcionamento de um princípio imanente. A concepção da redenção em Rosenzweig combina esses conceitos ortodoxos e heterodoxos de um jeito único, ainda que não totalmente coerente. Ele aceita o ensinamento ortodoxo de que a redenção final só pode ocorrer fora do tempo, sendo promovida exclusivamente por Deus, e não por um anônimo espírito do mundo que tudo permeia. Mas também afirma que "antecipamos" a redenção no presente, preparando o mundo e a nós mesmos para um derradeiro ajuste pelo qual podemos esperar, mas não apressar. E, enquanto esperamos, o amor continua em ação à medida que vivemos e cultuamos juntos. Ao tornar possível essa interação humana, Deus está preparando Sua própria redenção final (uma ideia gnóstica muito antiga).

Como observa Rosenzweig, a doutrina da redenção é um criadouro de heresias. O problema é profundo: se a redenção é obra exclusivamente de Deus, somos tentados a deixá-Lo entregue a sua ação e ignorar a nossa própria; entretanto, se participamos desse labor redentor, não é menor a tentação de pensar que podemos nos redimir pela atividade temporal. Rosenzweig vê uma espécie de sabedoria oculta sob essas heresias, oferecendo a respeito delas uma engenhosa explicação. Considera que por trás delas estão duas maneiras complementares mas igualmente válidas de viver à luz da revelação e à espera da redenção. Uma delas pertence ao judaísmo; a outra, ao cristianismo.

A terceira parte de *A estrela da redenção*, de longe a mais fértil, é uma surpreendente comparação sociológica dos modos de vida judaico e cristão. (Rosenzweig descarta o islã como mera paródia da religião revelada.) Sua descrição do cristianismo é dramática, ainda que não totalmente original, pois deriva de Hegel. Para Rosenzweig, como para Hegel, o sinal teológico distintivo do cristianismo é a crença na encarnação de Deus em Jesus Cristo e a expectativa da Sua volta. Mas esse acontecimento revelador teve como consequência dividir o tempo em três períodos: a era eterna antes da chegada de Cristo, a era eterna da redenção que haverá de se seguir à Sua volta e a era temporal em que os cristãos devem viver, à qual Rosenzweig se refere como o "caminho eterno". Em termos sociológicos, isto significa que o cristianismo é e deve ser uma força na história. A maneira como os cristãos entendem sua revelação e esperam a redenção transforma sua vida individual e coletiva numa jornada. O cristão está sempre a caminho, evoluindo do nascimento pagão ao batismo, superando a tentação, disseminando o Evangelho; e assim também é a Igreja, que considera todos os homens como irmãos e, consequentemente, se sente na obrigação de convertê-los, ou, se necessário, impor-se a eles. Por ser um eterno peregrino, o homem cristão é alienado, sentindo-se dividido, como explica brilhantemente Rosenzweig, entre Siegfried e Cristo, e, portanto, nunca está plenamente à vontade no mundo. Mas essa tensão na alma cristã foi altamente produtiva. Lutando consigo mesma, a cultura cristã moveu as ondas da história para a frente, da antiguidade para o mundo medieval, depois para os séculos do protestantismo e afinal para a era moderna, quando, sendo secularizado, o cristianismo triunfou. Desse modo, o cristianismo prepara a redenção do mundo pela atividade no tempo. (Cabe lembrar que esta era a visão do destino cristão em Hegel, e não em Santo Agostinho.)

O judaísmo atende a um chamado diferente, segundo Rosenzweig. Muito antes da revelação do cristianismo e da abertura da sua história, os judeus, na qualidade de único povo da revelação, viviam numa relação atemporal frente a frente com o seu Deus. Não precisavam de um mediador porque já tinham uma relação direta com o Pai; não receberam uma missão histórica por já serem o que estavam destinados a ser. Em vez de trabalhar pela redenção no tempo, os judeus antecipam a redenção de uma forma simbólica por meio do seu calendário religioso, e nesse sentido já levam uma vida na eternidade. "O povo judeu", escreveu Rosenzweig, "já alcançou a meta em direção à qual as [outras] nações ainda se movem", o que significa que, para ele, a história propriamente dita não tem significado. "Só o povo eterno, que não é abarcado pela história do mundo, pode — a cada momento — vincular a criação como um todo à redenção enquanto a redenção ainda está por vir." Mesmo vivendo em sua terra, os judeus estão sempre no exílio — da história. O isolamento judaico do resto da humanidade é mantido pela lei divina e pela língua hebraica, mas sua mais forte defesa são os laços de sangue. Os comentários de Rosenzweig sobre o judaísmo como uma religião do sangue foram motivo de embaraço para certos leitores, e até o tradutor de *A estrela* para o inglês tratou discretamente de amenizá-los. Mas nada há de condenável no que Rosenzweig tinha a dizer. A única maneira de uma comunidade religiosa dominar a sorte e assegurar uma relação direta, contínua e eterna com Deus é ser uma "comunidade de sangue". "Toda eternidade que não seja baseada no sangue", observa Rosenzweig, "deve basear-se na vontade e na esperança. Só uma comunidade baseada no sangue comum sentirá a garantia da eternidade correndo quente em suas veias desde já [...] A natural propagação do corpo garante sua eternidade". Os judeus não deitaram raízes na terra, como os pagãos, ou na história, como fariam os cristãos; lançaram raízes em si mesmos, como uma forma de estabelecer sua relação eterna com Deus. Os cristãos dão testemunho da sua fé fazendo proselitismo junto a estranhos que consideram irmãos. Os judeus dão testemunho reproduzindo-se, dizendo pelo corpo que "haverá judeus", e assim renovando o pacto entre gerações passadas e futuras. Isto não significa que os judeus sejam moralmente indiferentes aos problemas de outros povos, mas apenas que a sua preocupação decorre do amor a Deus e aos outros, e não da devoção a uma abstração chamada humanidade.

Talvez as páginas mais imaginosas de *A estrela* sejam as que analisam o calendário religioso judeu, no qual Rosenzweig vê um conjunto infinitamente rico de rituais que estruturam simbolicamente a maneira como o povo judeu vivencia a criação, a revelação e a redenção. Ele enxerga uma espécie de drama divino na estrutura do dia do sabá, nas festas de família, do Pessach ao Sukkot, e nos feriados comunitários, do Rosh Hashanah ao Yom Kippur. Todo o ciclo da existência humana vem a ser reproduzido aqui em cada ano da vida judaica. É o bom senso do judaísmo, o elo vivo entre Deus, o homem e o mundo que a filosofia tradicional não pode entender.

Mas esse bom senso tem um preço. E o preço é que os judeus, como portadores da lei divina na Terra, devem renegar uma vida de política. Rosenzweig aqui segue Hegel de perto, vendo na lei uma síntese entre costume e razão que se desenvolve ao longo do tempo, e o Estado como uma expressão concreta da lei. E, como os judeus consideram que a lei divina é imutável (ainda que aberta a interpretações infinitas), segue-se, de acordo com Rosenzweig, que não pode haver um Estado judeu, sendo idólatra qualquer tentativa messiânica de fundá-lo. "O Estado", escreve ele, "simboliza a tentativa de conferir eternidade às nações nos limites do tempo", tornando-as rivais do povo eterno que já alcançou a eternidade. Os judeus simplesmente não podem levar a sério a política, e especialmente a guerra; eles são uma nação de profetas, talvez eventualmente de sonhadores utópicos, mas decididamente não uma nação de políticos e generais. Como estão num exílio transcendental da história, são transcendentalmente destituídos de Estado. Desnecessário dizer que Rosenzweig não era sionista.

Existem, portanto, dois povos à espera da redenção final. Individualmente, os cristãos voltam-se para o renascimento espiritual, encontrando-se a cada momento numa encruzilhada de decisões; como povo, orientam-se para o futuro, projetando sua mensagem na escuridão pagã e se apropriando do que quer que nela venha a ser iluminado. Os judeus, por sua vez, vivem individualmente como elos numa cadeia de gerações que se projeta para trás e para a frente; seu renascimento se dá comunitariamente, à medida que procriam, preservam a memória do passado e internalizam sua existência espiritual. Um tom levemente chauvinista manifesta-se vez por outra em *A estrela*, quando Rosenzweig contrasta a harmonia psicológica e social da vida judaica com a autoalienação que está na raiz da destruição criativa do cristianismo. No fim das contas, contudo, ele os considera modos complementares de vida, cada um desempenhando uma função na economia da redenção.

Com o conceito de complementaridade, Rosenzweig não queria dizer que, para ser ele próprio, o judaísmo de alguma maneira precisasse do cristianismo; não precisa. Mas o mundo ao que parece precisa. Já em 1913, não muito depois de sua abortada conversão ao cristianismo, Rosenzweig expressou o ponto de vista de que o judaísmo "deixa o trabalho no mundo à Igreja e reconhece a Igreja como a salvação para todos os gentios em todos os tempos". Os judeus não fazem proselitismo, mas é bom que os cristãos o façam. Por outro lado, o cristianismo precisa do judaísmo para desempenhar sua função: enquanto está ocupado convertendo os pagãos lá fora, o exemplo do judaísmo ajuda os cristãos a manter sob controle o pagão de dentro. "Se o cristão não tivesse o judeu por trás", afirma Rosenzweig, "haveria de se perder". Os cristãos também têm consciência disso e, por conseguinte, se ressentem dos judeus, considerando-os orgulhosos e teimosos. A própria existência do judaísmo e sua alegação de ter vivenciado a eternidade envergonham os cristãos peregrinos, que se tornam antissemitas por autodepreciação, por revolta com as próprias imperfeições pagãs.

Rosenzweig não era nenhum utópico ecumênico. Sabia que judeus e cristãos jamais poderiam chegar a um acordo sobre as questões supremas se se levassem a sério. Deus "estabeleceu a inimizade entre os dois por todos os tempos", escreveu, e certa vez comentou numa carta: "Nós crucificamos o Cristo e, creia-me, voltaríamos a fazê-lo, só mesmo nós em todo o mundo." Mas Deus, em sua sabedoria, também uniu as duas religiões por todos os tempos. O judaísmo e o cristianismo são maneiras imperfeitas de vivenciar a revelação e a redenção porque são maneiras humanas. Rosenzweig compara os judeus a um povo que vê a luz mas não é capaz de viver nela temporalmente, ao passo que os cristãos vivem num mundo iluminado mas não podem ver a luz propriamente. A verdade inteira a respeito de Deus, do homem e do mundo — qualquer que seja essa verdade — escapa a ambos os povos. É em suas limitações, e não em suas realizações, que o judaísmo e o cristianismo encontram terreno comum.

A última frase de *A estrela da redenção* é simplesmente: "*Ins Leben*" — "Para a vida". E é este, no fim das contas, seu objetivo terapêutico: preparar os leitores para deixar para trás as ilusões do "velho modo de pensar" e entrar plenamente no que Rosenzweig chama de *das Nichtmehrbuch*, o não-mais-livro que é a própria vida. O que isto significaria para os cristãos é perfeitamente claro: significaria aceitar seu destino como povo histórico e aprender a ver o moderno mundo secular como fruto santificado da revelação cristã, e não, como queria Barth, como fruto da serpente. Para os judeus, significaria dar as costas à história como lugar da redenção ou mesmo como realização temporal. Eles viveriam em relação com o passado, mas somente no sentido de que cada feriado judaico revive um velho drama que tem mais relação com a eternidade que com o tempo.

A nostalgia de Rosenzweig transforma o passado judeu num ideal transcendental, e não num estado a ser recuperado voltando atrás no tempo. É um belo ideal, embora impregnado de patos. Por alguns anos após a morte de Rosenzweig, a política haveria de alcançar os judeus da Europa, bloqueando todas as saídas. Não lhes deixou alternativa senão mergulhar de novo no fluxo da história e assumir o controle do próprio destino, pela primeira vez desde a antiguidade. Para o povo judeu, desde a Shoah, construir um futuro a partir do presente tornou-se necessariamente *das Leben*. A eternidade terá de esperar.

O escáton imanente

Eric Voegelin

O historiador é um profeta que olha para trás.
— Friedrich von Schlegel

A crise é a parteira da história. Desde Heródoto, o desejo de escrever a história tem estado associado à necessidade de explicar as reviravoltas aparentemente inexplicáveis da sorte sofridas por nações e impérios. As melhores histórias atendem a essa necessidade, ao mesmo tempo capturando o caráter aberto e imprevisível da ação humana, embora as melhores histórias nem sempre sejam as mais memoráveis. Os historiadores que apresentam "explicações multicausais" — e usam frases assim — não perduram, ao passo que os que descobrem a origem de absolutamente tudo são imitados e atacados, mas nunca esquecidos.

No século XX, os escritos de história europeus tornaram-se uma espécie de *Trümmerliteratur*, um olhar voltado para trás, para os escombros de uma civilização que entrou em colapso em 1933... ou 1917, ou 1789, ou mais para trás ainda. Os alemães se especializaram nesse tipo de literatura das ruínas, e não apenas por haver tantos escombros na paisagem alemã. No século XIX, os historiadores queriam imitar Hegel, cuja monumental visão filosófica entretecia cada aspecto da cultura humana num perfeito relato dialético do progresso histórico. Após a catástrofe da Primeira Guerra Mundial, o desafio era transformar essa história numa história apocalíptica de ruptura e decadência com significado filosófico. Oswald Spengler não estava sozinho. Edmund Husserl falava por muitos pensadores alemães ao declarar, numa famosa conferência pouco antes da Segunda Guerra Mundial, que "a 'crise da existência europeia' [...] torna-se compreensível e transparente contra o pano de fundo da *teleologia da história europeia* que pode ser descoberta filosoficamente".

Por razões que lhes são próprias, os Estados Unidos raramente cultivaram uma história de crise, não obstante a corrente apocalíptica em nossa imaginação religiosa nativa. Mas, quando intelectuais alemães que fugiam de Hitler começaram a chegar aos Estados Unidos na década de 1930, eles importaram algumas ideias muito amplas e sombrias sobre a crise da época, que então encontraram ressonância aqui. Embora os diagnósticos de Hannah Arendt, Leo Strauss, Max Horkheimer e Theodor Adorno fossem muito diferentes, todos partiam do princípio de que as transformações ocorridas no pensamento ocidental é que haviam preparado o impensável, e que um novo caminho intelectual precisava ser encontrado antes que fosse possível encontrar um novo caminho político.

Em boa parte de sua vida adulta, Eric Voegelin esteve entre eles. Emigrado austríaco em termos amistosos tanto com Arendt quanto com Strauss, Voegelin não chegou a alcançar um grande público leitor ainda em vida. Existem acadêmicos voegelinianos na América do Norte e na Europa, mas o próprio Voegelin era um pensador por demais solitário e idiossincrático para fundar uma escola. Era um original, uma flor de estufa transplantada do sombrio jardim da *Geschichte* alemã para a terra dos caminhos abertos. Razão pela qual, no fim das contas, sua nostalgia histórica não sobreviveu às investidas de sua infinita curiosidade.

Eric Voegelin nasceu em Colônia em 1901 e se transferiu da Alemanha para Viena aos 9 anos. Formou-se em direito e ciência política, mas sua verdadeira educação, segundo diria mais tarde, viera da leitura de Karl Kraus, o cáustico jornalista vienense cujos ataques contra a hipocrisia e a vulgaridade da época moldaram a geração que atingiu a maioridade por volta da Primeira Guerra Mundial. O distanciamento de Voegelin em relação à sua pátria austríaca o preparou para dar um passo inusitado para um jovem acadêmico europeu. Em 1924, ele viajou aos Estados Unidos com uma bolsa de estudos e passou dois anos em universidades americanas, frequentando os cursos de John Dewey em Columbia e descobrindo as obras de George Santayana. Esta experiência inspirou seu primeiro livro, *On the Form of the American Mind* [Sobre a forma do espírito americano] (1928), que deve mais a pensadores alemães como Max Scheler e Wilhelm Dilthey que a pragmáticos americanos como Dewey. Ainda assim, a experiência americana de Voegelin surtiu grande efeito. Ao retornar a Viena para assumir um cargo universitário, ele trazia consigo um inabalável ódio ao racismo e a suas vergonhosas justificações intelectuais. Quando começaram a circular na Áustria obras pseudocientíficas apoiando o racismo biológico dos nazistas, ele os atacou em dois livros publicados não muito depois da ascensão de Hitler ao poder. Esses e outros escritos tornaram-no alvo privilegiado dos nazistas austríacos, que ordenaram sua detenção imediatamente depois da *Anschluss* em 1938. Ele fugiu de trem enquanto a polícia fazia buscas em seu apartamento.

Embora não fosse comunista nem judeu, Voegelin veio a engrossar o caudal de intelectuais emigrados em busca de trabalho e segurança nos Estados Unidos. Não obstante sua experiência americana anterior, sem equivalente nesse grupo, ele teve dificuldade em obter uma posição como professor no governo americano por ser um estrangeiro de língua alemã. Acabou na Universidade Estadual de Louisiana, ali lecionando até 1958, e começou a escrever livros em inglês. Graças a essas obras, seria convidado a voltar para a Alemanha para fundar um instituto de pesquisas em Munique, onde permaneceu durante dez anos, até ser afastado pelo venenoso clima político do fim da década de 1960. (Ele ficou preso, como diria certa vez, "entre os idiotas sisudos da tradição e os idiotas apocalípticos da revolução".) Voltou para os Estados Unidos em 1969, assumindo um cargo na Hoover Institution na Califórnia, e lá morreu em 1985.

Voegelin foi espantosamente produtivo em seu período nos Estados Unidos, mas de um jeito estranho. Pouco depois de chegar, ele foi convidado por um editor americano a escrever uma história concisa do pensamento político para concorrer com outros manuais, e começou a redigir um enorme manuscrito inacabado intitulado *História das ideias políticas*, que ocupa oito dos 34 volumes das *Obras reunidas*. Depois de abandoná-lo por ser inviável na década de 1950, lançou-se num estudo em seis volumes previstos sobre "ordem e história", que também estava inacabado quando de sua morte. Além dessas empreitadas, Voegelin escreveu centenas de resenhas e ensaios, vários outros livros, cartas extremamente longas e complexas, entrevistas e uma encantadora autobiografia breve. Toda essa verborragia, numa língua estrangeira, causa espanto. E também desconfiança.

Um primeiro exame das obras de Voegelin deixa desnorteado o leitor despreparado, pois parecem abordar todos os temas — história bizantina, teologia medieval, psicologia gestáltica, símbolos visuais paleolíticos e neolíticos, filosofia grega, história constitucional americana, os Pergaminhos do Mar Morto, história imperial chinesa, interpretação do Velho Testamento, artes decorativas polinésias, zoroastrismo, cosmologia egípcia e mesopotâmica, imagens renascentistas de Tamerlão e muito mais. Ele lembra o Sr. Casaubon, de *Middlemarch*, de George Eliot, o polígrafo obsessivo que, em sua busca da "chave de todas as mitologias", deixou apenas esboços de obras inacabáveis. Mas por trás de todos os escritos de Voegelin estava uma intuição básica sobre a relação entre religião e política, e a maneira como as transformações ocorridas nessa relação podem explicar os cataclismos da história moderna.

O germe das principais obras de Voegelin encontra-se em *As religiões políticas*, um denso panfleto terminado às pressas pouco antes da *Anschluss* e que teve de ser publicado na Suíça após sua fuga. Nele, Voegelin atacava os nazistas como filhos da sombra, embora culpasse o moderno Ocidente secular por tornar o nazismo possível. O que era, para dizer o mínimo, uma perspectiva inusitada, já que o moderno Ocidente secular preparava-se naquele exato momento para entrar em guerra contra Hitler. Para escorar sua tese, Voegelin esboçou uma história que viria a desenvolver e refinar ao longo das três décadas seguintes.

A história começa com as primeiras civilizações do antigo Oriente Próximo, no Egito e na Mesopotâmia, onde os Estados eram dotados de uma aura divina que lhes conferia legitimidade. Naquele mundo perdido, o rei era simbolicamente apresentado como representante da ordem divina, servindo como intercessor junto aos deuses ou como um deus ele próprio. Para Voegelin, era esta a condição original de todas as civilizações, que não poderiam estabelecer uma ordem sem a crença na sua santidade. O elo entre o divino e o humano era bem forte no mundo antigo, só se afrouxando com a ascensão do cristianismo, que foi a primeira religião mundial a oferecer princípios teológicos estabelecendo uma distinção entre as ordens divina e política.

Embora tais princípios quase sempre fossem ignorados, como reconhecia Voegelin, a própria ideia de estabelecer uma distinção entre uma Cidade de Deus transcendente e uma Cidade do Homem terrestre tinha profundas implicações espirituais e políticas para a história ocidental. Por um lado, descortinava caminhos para Deus que não precisavam passar pelo palácio real; por outro, abria perspectivas de seres humanos se governando sem uma orientação divina direta. O enriquecimento espiritual era acompanhado do risco de empobrecimento político, e eventualmente da tentação de libertar o homem inteiramente de qualquer supervisão divina. O Iluminismo radical dos séculos XVII e XVIII de bom grado sucumbiu a essa tentação, completando o trabalho iniciado pelo cristianismo: nas palavras de Voegelin, ele "decapitou Deus".

Mas a libertação moderna da política em relação a Deus não significou a libertação do homem pelo homem. Muito pelo contrário. Embora tivesse banido Deus da cidade, o Iluminismo não podia abolir a prática de divinização que originalmente fizera surgir a civilização. O que sucedeu na moderna história ocidental depois do Iluminismo, na visão de Voegelin, foi que os seres humanos começaram a conceber em termos sagrados *suas próprias* atividades, em particular a criação de novas ordens políticas livres das fontes tradicionais de autoridade. O homem moderno tornou-se um Prometeu, julgando-se um deus capaz de transformar qualquer coisa e todas as coisas a seu bel-prazer. "Quando Deus se torna invisível por trás do mundo", escreveu Voegelin, "as coisas do mundo tornam-se novos deuses". Uma vez entendido isto, a verdadeira natureza dos movimentos ideológicos de massa do século XX — marxismo, fascismo, nacionalismo — torna-se evidente: foram todos "religiões políticas", com direito a profetas, sacerdotes e sacrifícios no templo. Quando se abandona o Senhor, é apenas uma questão de tempo até que se comece a cultuar um Führer.

Essa noção hidráulica de um impulso religioso que ressurge na vida secular se lhe é negado acesso ao divino tem sido um esteio do pensamento do Contrailuminismo desde o século XIX, especialmente entre teólogos cristãos que protestam contra o curso da história moderna. Mas esses teólogos tinham em mente um remédio bem claro: a volta à única verdadeira fé. Acaso seria este também o remédio de Voegelin? Não, não era — embora uma certa reserva em relação a seus pontos de vista religiosos levasse não poucos dos seus leitores conservadores a pensar que fosse. Criado como protestante, Voegelin escreveu com naturalidade sobre o "transcendente" ou o "divino", como se sua existência fosse inquestionável, mas nunca manifestou qualquer convicção doutrinária a respeito, e se mostrava abertamente crítico do cristianismo, que responsabilizava por preparar o advento da política moderna. Pelo contrário, referia-se à história da religião e da filosofia como a história das reiteradas tentativas do homem de entender o que está por trás da esfera temporal e determinar sua relação com a consciência individual e a ordem social. Embora não tenhamos como saber das convicções pessoais de Voegelin, é evidente que reconhecia o poder da própria religião como uma força vitalista que moldava a sociedade humana e podia ser direcionada para finalidades boas, desde que sua função precípua fosse respeitada. Ele não deixou dúvidas de que aceitava à sua maneira a existência de uma ordem divina transcendente. O tema fundamental de *As religiões políticas* é que a fantasia de criar um mundo sem religião, uma ordem política da qual fosse banido o divino, levava necessariamente à criação de deidades seculares grotescas como Hitler, Stalin e Mussolini.

É este também o tema de *A nova ciência da política* (1952), o primeiro livro de Voegelin em inglês, e da monumental obra em vários volumes intitulada *Ordem e história*, que começou a ser publicada em 1956. Pouco depois da experiência da guerra e da destruição causada pelas "religiões políticas", Voegelin queria desenvolver uma nova ciência política que analisasse os símbolos através dos quais as sociedades se concebem e ordenam suas instituições na história. Seu conceito de "símbolo" era algo vago, mas também flexível, o que lhe permitia, por exemplo, comparar o simbolismo do antigo reino mesopotâmico ao da retórica democrática americana. Já é um lugar-comum antropológico, bem sabemos, que as manifestações da vida política — como a coroação de um rei, a arquitetura de palácios e assembleias, os rituais eleitorais — têm um significado simbólico. A novidade no pensamento de Voegelin foi a associação desse lugar-comum a uma teoria da história, propondo que um processo universal de simbolização estava sub-repticiamente em funcionamento na civilização humana, o que conferia à história mundial um direcionamento perceptível.

Esse processo, achava ele, poderia ser revelado uma vez que se encarasse cada sociedade como um "cosmion", um mundo autônomo da imaginação investido de significado e correspondendo à estrutura de uma ordem transcendente. Veja-se, por exemplo, o preâmbulo do antigo Código de Hamurabi da Babilônia, citado por Voegelin:

> Quando Anu, o Sublime, rei dos anunaki, e Bel, o senhor do Céu e da Terra, que determinaram o destino das terras, atribuíram a Marduk, o todo-poderoso filho de Ea, deus da retidão, o domínio sobre o homem terrestre, fazendo-o grande entre os igigi, eles chamaram [a terra da] Babilônia por seu ilustre nome, fizeram-na grande na Terra e fundaram nela um reino perene, cujas fundações são tão

sólidas quanto as do Céu e da Terra; e então Anu e Bel chamaram por meu nome, Hamurabi, o príncipe exaltado, que temia a Deus, para promover a justiça na terra, destruir os maus e criminosos; para que os fortes não ferissem os fracos; para que eu dominasse os povos de cabeça escura como os Shamash e trouxesse esclarecimento à Terra, para promover o bem-estar da humanidade.

Aqui a estrutura do "reino perene" é comparada diretamente à do cosmos ("o Céu e a Terra"), e o domínio do príncipe sobre seu povo é equiparado ao domínio dos deuses sobre o "homem terrestre".

Em algum momento do primeiro milênio antes de Cristo, sustentava Voegelin, essa ordem simbólica tornou-se mais complexa, mais "articulada". O homem e a sociedade começaram a ser vistos independentemente um do outro, considerando-se ao mesmo tempo que ambos precisavam da filosofia ou da religião revelada para se alinharem com a ordem divina. O verdadeiro homem era já agora aquele que trabalhasse para promover essa harmonia em sua alma, e o verdadeiro governante, aquele que tentasse alcançá-la na sociedade. Toda uma nova série de símbolos se desenvolveu para refletir essa visão, que alcançou sua maior clareza na Atenas antiga. Nessa "hora dourada da história", no dizer de Voegelin, a filosofia de Platão e os dramas de Ésquilo expressavam a verdade recém-revelada sobre a existência humana.

A abrangente visão do desenvolvimento da civilização em Voegelin muito devia às especulações místicas sobre as "idades do homem" do filósofo alemão Friedrich Schelling, no século XIX, e a Spengler, Arnold Toynbee e Karl Jaspers, no século XX. Mas ele inovou ao fazer sua história girar em torno do fenômeno do gnosticismo. "Gnosticismo" é um termo que tem significado muitas coisas para diferentes pessoas ao longo dos séculos. Cunhado na literatura anti-herética dos primórdios da Igreja, ele foi usado para depreciar diferentes grupos heterodoxos surgidos na antiguidade tardia, alguns deles se dizendo cristãos, outros, judeus. Considerava-se que esses grupos tinham em comum três crenças fundamentais: o mundo criado era obra de uma deidade inferior do mal, ou demiurgo, sendo, portanto, fundamentalmente corrupto; o acesso direto a uma divindade espiritual superior era possível para os dotados de um conhecimento secreto (*gnosis*) desenvolvido a partir de uma centelha divina interna; e a redenção viria por meio de um apocalipse violento, talvez liderado pelos detentores da *gnosis*. Existe hoje em dia uma enorme literatura erudita sobre essas seitas, também voltada para esclarecer se compartilhavam alguma coisa.

Uma questão muito especializada, ao que parece. Mas na verdade o conceito de gnosticismo desempenhou um grande papel no pensamento alemão desde o início do século XIX, quando teólogos e estudiosos da Bíblia entraram em conflito em torno da questão de saber se o gnosticismo estava na raiz do cristianismo. Logo essa controvérsia acadêmica transformou-se num debate de caráter público sobre o grau em que até mesmo o pensamento moderno estaria em débito com ideias religiosas heterodoxas e heréticas do mundo antigo. Já na década de 1830, Hegel era criticado como um gnóstico moderno, acusação que logo também seria voltada contra os utopistas e revolucionários que vieram depois dele. Essa polêmica seria retomada depois da Segunda Guerra Mundial, quando o erudito judeu alemão Hans Jonas publicou um influente estudo intitulado *The Gnostic Religion* [A religião gnóstica]. Jovem discípulo de Heidegger, Jonas sentira-se atraído pelo gnosticismo antigo em virtude daquelas que seriam, na sua visão, antecipações religiosas das verdades filosóficas manifestadas no existencialismo inicial do seu mestre. Depois da guerra, e depois de Heidegger ter publicamente abraçado a causa do nazismo, Jonas desenvolveu uma visão muito mais pessimista do impulso gnóstico e da maneira como afeta a política. Sua avaliação final do pensamento de Heidegger foi que expressava "um niilismo moderno infinitamente mais radical e mais desesperado que o niilismo gnóstico jamais poderia ser".

A tese de Voegelin em *A nova ciência da política* era agora que toda a era moderna, surgida de uma rebelião contra o cristianismo, seria gnóstica por natureza. O cristianismo avançara além dos símbolos do mundo grego, articulando a noção de que, embora sejam produto da natureza e da sociedade, os indivíduos também são filhos diretos de Deus cujas vidas estão voltadas em última instância para a salvação. Essa dupla natureza do homem era a grande revelação do cristianismo — e sua secreta fraqueza, pois projetava os seres humanos num mundo hostil com uma missão divina (como Franz Rosenzweig também acreditava). A vida do peregrino cristão é dura, e seu progresso, lento. Não oferece consolação na Terra, nem muito menos na vida política, que está subordinada à missão espiritual da Igreja e irremediavelmente vinculada à nossa natureza decaída. E os seres humanos são impacientes: informados de que a salvação os espera, eles se precipitam, erguendo torres até o Céu ou apressando o Apocalipse. Gershom Scholem descobrira dinâmica semelhante no misticismo judaico, mas aos olhos de Voegelin ela atingiu sua maior intensidade no cristianismo, cujo messias já viera, para em seguida partir inexplicavelmente. E assim, a certa altura, os cristãos europeus se cansaram de esperar; carentes da "energia espiritual para a heroica aventura da alma que é o cristianismo", rebelaram-se e decidiram construir seu paraíso na Terra, recorrendo a seus próprios poderes. Assim nasceu a era moderna, por meio de uma gnóstica "imanentização do escáton cristão" — vale dizer, da busca do milênio no aqui e agora político.

Por esta ideia é que Voegelin ficou mais conhecido em vida, e ela lhe rendeu muitos admiradores entre os conservadores americanos que enxergavam uma "crise do Ocidente" na guerra fria, na cultura popular de massa, nas rebeliões estudantis — em praticamente tudo. Ao descartar Hegel e Marx como profetas gnósticos, "reles intercessores nos quais o espírito se agita", Voegelin apresentava razões do mundo histórico para seu desprezo por eles e seus epígonos. As histórias das modernas revoluções políticas, do progressivismo liberal, dos avanços tecnológicos, do comunismo, do fascismo — que mais seriam senão testemunhos da rebelião gnóstica contra a própria ideia de uma ordem transcendente? O fato de Voegelin considerar que o cristianismo era em parte culpado por essa rebelião e que a Revolução Americana foi um dos seus resultados estranhamente escapava a seus leitores conservadores. Em 1968, ele publicou um pequeno e indigesto livro intitulado *Science, Politics, and Gnosticism* [Ciência, política e gnosticismo], no qual se referia aos gnósticos modernos como "assassinos de Deus", a Marx como "trapaceiro intelectual" e a todos os modernos movimentos políticos de massa como formas de "ersatz da religião". A tradução americana foi um grande sucesso, mantendo-se desde então no estoque de editoras conservadoras.

Pouco depois da aparição de *A nova ciência da política*, Voegelin publicou em rápida sucessão os três primeiros volumes de *Ordem e história*, que começavam traçando todo o arco da civilização, iniciando pelo antigo Oriente Próximo e chegando até o momento presente. A obra não era concebida tanto como um apanhado, mas como uma reconstrução racional do processo pelo qual a simbolização da experiência humana tornara-se cada vez mais articulada até o surgimento do cristianismo, passando então a declinar em virtude do moderno gnosticismo. Esses primeiros volumes oferecem uma viagem brilhante, ainda que algo excêntrica, pela história antiga, começando pela Mesopotâmia, o Egito e Israel, e em seguida passando pela história grega, dos cretenses e aqueus até a Atenas clássica. Eles não envergonham ninguém. Voegelin era um historiador amador sério e aparentemente tinha lido tudo, mostrando-se capaz de fazer conexões entre mitos, inscrições, planejamento urbano, zodíaco, profecias, poesia épica, histórias bíblicas, tragédias gregas e diálogos platônicos. Seus três primeiros volumes rapidamente traçaram a escalada humana até o cristianismo, e seus leitores americanos da época da Guerra Fria mal podiam esperar para ler sobre seu próprio declínio civilizatório.

Mas então ocorreu algo: o Sr. Casaubon mudou de ideia.

Passaram-se dezessete anos até que outro volume de *Ordem e história* fosse publicado, período durante o qual Voegelin passou uma década construindo seu instituto alemão de pesquisas. Quando o volume finalmente chegou ao público em 1974, seus leitores descobriram que ele renegava boa parte do que havia escrito. Até então, as obras de Voegelin eram como as de outros pessimistas culturais antimodernos, que desde o século XIX tinham construído narrativas históricas acreditando ter identificado o momento em que modos saudáveis de pensamento e vida foram abandonados e teve início a podridão. Para Heidegger, ela começou com Sócrates; para Strauss, com Maquiavel; e, para Voegelin, pelo menos até então, teve início com o gnosticismo antigo. Mas o quarto volume de *Ordem e história*, intitulado *A era ecumênica*, começa com a espantosa confissão de que seu esquema histórico original tornara-se presa do próprio impulso que ele criticara, o "desejo monomaníaco de forçar as operações do espírito na história por uma linha que leve inequivocamente ao presente do observador". Agora ele se dava conta de que a história é "um mistério no processo da revelação", um campo aberto onde se encontram o divino e o humano, e não uma estrada sem saídas. Durante séculos os místicos tinham tentado expressar essa verdade em linguagem hermética que deixava o mistério sem explicação. O que era preciso, dizia agora Voegelin, era uma disciplina objetiva e erudita para descobrir a verdade desse encontro "teofânico", sem privá-lo de seu mistério fundamental. Este passava a ser então o programa de *Ordem e história*.

Infelizmente, os dois últimos volumes da obra são de leitura árdua, entre outros motivos porque Voegelin sentiu a necessidade de desenvolver um vocabulário especializado todo próprio, usando termos como "erística", "consciência metaléptica", "fé metastática", "teofania pneumática" e "história egofânica" como se fossem de transparente clareza. (O volume final de suas obras reunidas tem um glossário de 38 páginas para ajudar o leitor em sua navegação.) E há também uma lamentável elefantíase, nas oscilações do texto entre reis sumérios e Max Weber, entre São Paulo e Mircea Eliade, entre Xerxes e Jacob Burckhardt, entre a dinastia Shang e Rudolf Bultmann. Um leitor que não esteja familiarizado com essas épocas e autores nenhum proveito poderá tirar. O que é uma pena, pela profundidade de sua intuição básica.

Voegelin tentou expressá-la pela primeira vez num inusitado livro que publicou na Alemanha com o título *Anamnese* (1966), traduzido para o inglês só uma década depois. Ele não começa com o problema da história, mas com o problema da memória — em grego, *anamnesis*. O que há na consciência, pergunta-se Voegelin, que faz com que concebamos nossa experiência em termos de início e fim, ruptura e continuidade? E como é que essa tendência psicológica afeta a maneira como construímos nossas sociedades? Ele agora estava convencido de que "os problemas de ordem humana na sociedade e na história" — entre eles o problema do gnosticismo — "se originam na ordem da consciência". Na década de 1940, chegou inclusive a iniciar suas próprias "experiências anamnésicas", como as chamava, nelas explorando suas lembranças de infância e tentando resgatar as emoções que estavam no seu cerne, refletindo sobre como esses sentimentos poderiam ter contribuído para moldar a construção do seu passado. Suas estranhas mas sugestivas notas sobre essas experiências constam do livro. Mas a ideia mestra por trás de tudo é que os reinos humano e transcendente convergem na consciência humana, velho conceito místico que Voegelin estende à história, propondo que por meio de nós "o ser eterno se realiza no tempo".

Quando esse estranho e estimulante livro saiu na Alemanha, Voegelin confessou a um amigo suas afinidades com os escritos herméticos de Plotino e com o texto medieval *A nuvem do não saber*, e que estava tentando dominar uma "nova forma literária na filosofia". Mas jamais conseguiu. Em suas últimas obras, esse impulso poético se eterifica na mesa da erudição. E ele tampouco atendeu a seus leitores americanos da Guerra Fria, os quais, depois de aguardar dezessete anos, esperavam encontrar nos últimos volumes de *Ordem e história* mais munição para sua batalha contra o progressivismo moderno. Um crítico conservador escreveu numa resenha que "a esperança dos conservadores cristãos" tornara-se "um Pilatos dos tempos modernos". Voegelin achava graça da necessidade americana de classificá-lo, observando em sua autobiografia que em sua longa carreira tinha sido chamado de católico, tomista, protestante, hegeliano e platônico, "sem esquecer que supostamente era influenciado fortemente por Huey Long".

As histórias universais nos ensinam mais sobre as crises históricas que as inspiram que sobre as civilizações que descrevem. Os que esperam entender de que maneira o choque das duas guerras mundiais determinou o subsequente pensamento europeu e americano têm muito a aprender com as monumentais narrativas de Voegelin, cuja ambição, por mais imperfeitamente realizada, bem dava a medida da atrocidade do desastre do século XX. E os que se preocupam com a revivescência do messianismo político em nossa época bem fariam em examinar suas penetrantes reflexões sobre o impulso gnóstico. Mas talvez seja a sua disposição de questionar publicamente seus próprios pressupostos e motivações, de abandonar certas ideias fixas e rever outras, o que mais tem a nos ensinar hoje. É necessária uma boa dose de autoconsciência e independência de espírito para abrir mão do agridoce conforto do pessimismo cultural e questionar as narrativas certinhas de declínio civilizatório que ainda guardam seu prestígio para os intelectuais ocidentais. Eric Voegelin foi muitas coisas — um viajante americano, um crítico do racismo, um historiador amador, um mitologista, um construtor de sistemas, um explorador da consciência humana, um místico. Mas, por trás de toda a *Wissenschaft*, foi também algo que Dorothea Brooke nunca encontrou em seu pobre Sr. Casaubon: um espírito livre.

Atenas e Chicago

Leo Strauss

A Grécia antiga é a mais bela invenção da era moderna.
— Paul Valéry

Leo Strauss nasceu numa família judia rural nas imediações de Marburg, Alemanha, em 1899. Suas ambições na meninice, observaria certa vez, eram simples e pastorais: tornar-se carteiro no interior, criar coelhos e ler Platão. A família era praticante mas não educada, e depois de servir na Primeira Guerra Mundial ele começou a frequentar círculos sionistas e a escrever para suas publicações políticas. Strauss estudou filosofia em várias universidades alemãs, acabando por redigir sua dissertação sob a orientação de Ernst Cassirer em Hamburgo. Mas o encontro que mais duradoura impressão deixou foi com Martin Heidegger, cujas conferências Strauss frequentava em Freiburg e Marburg. Ele fazia parte de uma geração privilegiada de jovens estudantes judeus — entre eles Hannah Arendt, Hans Jonas, Karl Löwith e Herbert Marcuse — que conheceram Heidegger no exato momento em que ele se tornava um pensador.

No início da década de 1920, Heidegger começou a dar cursos de filosofia antiga que nada tinham de convencionais. Em vez de simplesmente explicar os pontos de vista de Platão e Aristóteles, ele queria questionar seus pressupostos mais fundamentais — em particular os pressupostos ontológicos sobre "o que é". Sua intuição era que os primeiros filósofos tinham distorcido essa questão e que algo se perdera, que um modo de pensar e até de ser no mundo fora abandonado na tentativa de fazer um relato racional do que é. Esse questionamento radical era o que atraía para ele estudantes como Strauss. Esperando encontrar um professor, eles encontraram um pensador.

Na época, não estava claro aonde Heidegger pretendia chegar com esse questionamento. Só alguns anos depois ele retornou aos pensadores pré-socráticos que, sustentava, tinham dado prioridade à "questão do Ser" — ou seja, à questão do que significa "ser", e não do que ou como as coisas são. E ainda demoraria mais para que ele articulasse seu pensamento fundamental: de que, uma vez que Platão começou a falar de "Ideias" e Aristóteles, de "essências", ocorreu um "esquecimento do Ser" que teria enormes consequências para a civilização ocidental. Afastamo-nos de um inicial "habitar" no Ser e tomamos um caminho que levaria ao domínio da natureza pela ciência e tecnologia e à autoalienação da humanidade. Hoje, vivemos de maneira inautêntica. Não, como consideravam Rousseau e os românticos, por termos perdido nossas originais bondade e inocência; nem tampouco, como diriam os reacionários católicos, por termos abandonado a Igreja; nem ainda, como diria Marx, por causa do advento do capitalismo. Vivemos de maneira inautêntica por causa de Sócrates.

Havia apenas um heideggeriano: Heidegger. Mas todos os estudantes do grupo de Strauss foram marcados por seu questionamento dual da tradição filosófica e da vida moderna. Löwith afastou-se da filosofia em direção à religião e à teologia; Marcuse mergulhou no marxismo e na ação política; Arendt levou esse espírito de questionamento à política moderna e à história, e Jonas, ao gnosticismo e às modernas ciências naturais. Strauss era um caso à parte. Nunca chegou a ser oficialmente aluno de Heidegger, e talvez por este motivo tenha aceitado mais diretamente que os outros o desafio de Heidegger. Viria a dedicar sua vida intelectual à defesa da filosofia socrática, ou pelo menos da "possibilidade da filosofia". Do seu ponto de vista, o problema na civilização ocidental começou quando pensadores do início da modernidade e do Iluminismo deram as costas à tradição grega e tentaram restabelecer a filosofia e a política em novas bases. Isso nada tinha a ver com uma discordância escolástica. A visão heideggeriana de uma decisiva ruptura histórica no pensamento ocidental refletia e nutria sua visão apocalíptica da modernidade e sua nostalgia de modos anteriores de vida mais em harmonia com a natureza. Essa nostalgia acabaria por levá-lo a entrar para o partido nazista, em decorrência da ilusão, hoje incompreensível, de que o fascismo seria capaz de restabelecer a relação da humanidade com o Ser.* A influência filosófica de Heidegger só viria a aumentar depois da guerra, mas sua visão histórica e seus pontos de vista políticos já não convenciam mais ninguém.

O legado de Strauss foi duplo. Embora ele não buscasse nem alcançasse a estatura de Heidegger como filósofo, a influência do seu pensamento sobre a "querela entre antigos e modernos" continua a se disseminar, especialmente na Europa e na Ásia. Mas foi nos Estados Unidos, onde ele desenvolveu toda a sua carreira no magistério, que se desdobraram as implicações políticas da sua narrativa histórica de perda. E, de um modo que ele não poderia ter previsto, isto contribuiu para remodelar a política americana no fim do século XX. Embora a história da ascensão filosófica e da queda política de Heidegger seja um dos episódios mais dramáticos da história intelectual moderna, seu pensamento não tem tido uma influência perceptível na vida política ocidental. O pensamento de Leo Strauss, aquele aluno discreto no fundo da sala, sim.

Para Heidegger e Strauss, a filosofia era perseguida por um *doppelgänger*, um duplo. Para Heidegger, tratava-se do "pensamento do Ser" aberto que os pré-socráticos praticavam e que alguns grandes poetas, como Hölderlin, capturaram em versos. Para Strauss, o *doppelgänger* era a revelação divina. Do seu ponto de vista, o manancial oculto da civilização ocidental e a fonte de sua vitalidade eram uma tensão entre duas maneiras incompatíveis de tratar da condição humana.

---

* Sobre Heidegger e seu envolvimento com o nacional-socialismo, ver o meu livro *A mente imprudente*, capítulo I.

A mais antiga, que aparece em todas as civilizações, consiste em buscar orientação pela revelação divina; a outra, que se desenvolveu na Grécia antiga, era buscá-la exclusivamente pela razão humana. Essa tensão já era evidente na vida grega, mas se tornou muito mais intensa na antiguidade tardia, com o encontro entre a tradição bíblica da revelação e a filosofia grega. A partir daí, modos de pensar e viver de marcada diferença se apresentaram às pessoas reflexivas, um idealizado em Atenas e na vida de Sócrates, o outro em Jerusalém e na vida de Moisés. Entre os dois, era necessário escolher.

Mas por que se deve escolher? Porque, dizia Strauss, todas as sociedades precisam de uma versão autorizada das questões últimas — a moral e a mortalidade, basicamente — para legitimar suas instituições políticas e educar os cidadãos. É o que tradicionalmente a teologia tem feito, convencendo as pessoas a obedecer às leis por serem sagradas. A alternativa filosófica a essa obediência foi a vida de perpétuo questionamento de Sócrates, livre da prestação de contas a qualquer autoridade teológica ou política. Para Strauss, essa tensão entre Atenas e Jerusalém era necessária e de qualquer maneira inevitável na sociedade humana. Sem pressupostos reconhecidos a respeito da moral e da mortalidade, que podem se propiciados pela religião, nenhuma sociedade se mantém coesa. Mas, sem liberdade em relação à autoridade, os filósofos não podem ir em busca da verdade aonde quer que ela possa levá-los.

Em certo sentido, é uma situação trágica, como evidenciam a execução de Sócrates por heresia e a perseguição de filósofos por autoridades religiosas ao longo dos séculos. Mas num outro sentido é uma situação saudável, pois o filósofo e a cidade têm algo a ensinar um ao outro. Os filósofos podem servir como elementos de provocação na cidade, obrigando-a a prestar contas em nome da verdade e da justiça; e a cidade lembra aos filósofos que eles vivem num mundo que não pode ser totalmente racionalizado, com pessoas comuns que se aferram a suas crenças e precisam de garantias. Na avaliação de Strauss, os filósofos mais sábios foram os que entenderam que precisavam ser filósofos da política, pensando o bem comum. Mas eles também precisam ser filósofos políticos, conscientes dos riscos que assumem ao desafiar falsas certezas.

Nos seus primeiros escritos, Strauss desenvolveu um ponto de vista muito próprio sobre esse "problema teológico-político" e sua relação com o Iluminismo moderno. Segundo ele, os homens das *Lumières*, horrorizados com as guerras religiosas e frustrados com o caráter nefelibata da filosofia clássica, queriam criar um novo tipo de sociedade, livre tanto da religião quanto da filosofia clássica — de Atenas *e* de Jerusalém. Por um lado, zombavam da religião e queriam esmagá-la, em vez de simplesmente distanciar-se ou se proteger dela. Por outro, desviavam a atenção da filosofia do verdadeiro, do belo e do bom para redirecioná-la para finalidades mais práticas. O monumento dessa reorientação foi a *Encyclopédie* francesa. O pressuposto por trás dela era que o mundo poderia ser transformado com base na razão e na investigação empírica. E esse pressuposto, na leitura da história moderna feita por Strauss, era equivocado. As *Lumières* foram capazes apenas de distorcer a missão da filosofia, deixando-a e ao mundo em situação ainda pior. A filosofia rapidamente perdeu a confiança em si mesma como um caminho para a verdade absoluta, dando origem ao relativismo e niilismo no século XIX. O exemplo de Sócrates foi esquecido, e, com ele, a consciência da necessidade de escolher entre Atenas e Jerusalém.

Strauss optou por Atenas em detrimento de Jerusalém. Entretanto, judeu orgulhoso que respeitava a crença do seu povo, ele também era capaz de apreciar o que a religião, em seus desdobramentos mais elevados, poderia oferecer como modo de vida, especialmente para pessoas comuns e não reflexivas.* O judaísmo não era *l'infâme*. E ele não acreditava que a diferença judaica pudesse ser eliminada pela assimilação. Aparentemente compartilhava o ponto de vista de Franz Rosenzweig de que o judaísmo,

---

* "O judaísmo não é um infortúnio, mas, digamos, uma 'ilusão heroica'. [...] Jamais foi sonhado um sonho mais nobre. Certamente é mais nobre ser vítima do mais nobre dos sonhos que se aproveitar de uma realidade sórdida e nela chafurdar. [...] A verdade do supremo dos mistérios — a verdade de que existe um supremo mistério, de que o ser é radicalmente misterioso — não pode ser negada nem mesmo pelo judeu descrente da nossa época." Ver "Why We Remain Jews" ["Por que continuamos judeus"] (1962), in *Jewish Philosophy and the Crisis of Modernity* [Filosofia judaica e a crise da modernidade], coletânea de textos de Strauss sobre o judaísmo (SUNY Press, 1997).

ao contrário do cristianismo, jamais poderia se reconciliar com a história, porque via as verdades que lhe eram conferidas pela revelação como trans-históricas. Os pensadores judeus modernos que tentaram borrar a distinção entre judaísmo e cristianismo e reformar a fé para torná-la compatível com a sensibilidade moderna fracassariam, e não apenas por causa do preconceito cristão. A existência dos judeus será sempre um desafio à expectativa do Iluminismo de que a política possa ser racionalizada e isolada das alegações a respeito do que está além da política. O chamado da revelação não pode ser eliminado da vida judaica, nem, portanto, da política; onde quer que haja judeus, haverá Jerusalém.

Strauss e Heidegger partiam de um amplo pressuposto em comum: a origem dos problemas da civilização ocidental remonta ao abandono de um modo mais saudável e primitivo de pensamento sobre o passado. E Strauss, como Heidegger, passou boa parte de sua carreira tentando estabelecer o ponto decisivo em que o grande desvio ocorreu. Seus estudos aparentemente dispersos sobre pensadores do passado, abarcando com maestria, embora às vezes de maneira idiossincrática, os filósofos e dramaturgos gregos clássicos, os pensadores medievais judeus e muçulmanos, e muitos dos grandes filósofos modernos, são na verdade exercícios de filosofia em busca da sua casa original perdida. Naturalmente, qualquer busca nostálgica dessa natureza já presume a existência do que então alega ter descoberto: o Eldorado. Strauss acreditava tê-lo encontrado nas obras de Platão — mas um Platão que precisava ser libertado dos seus intérpretes modernos.

A tradição que Strauss afirmava querer resgatar era, em suas próprias palavras, "zetética" e "esotérica". *Zetesis* é uma palavra grega que significa investigar ou questionar, estando associada a *skepsis*, que tem significado semelhante. Strauss considerava que Sócrates fora um pensador zetético que se limitava a desvendar problemas e deixá-los em suspenso, o que difere da visão habitual sobre Sócrates, especialmente nas obras tardias de Platão, como um promotor de complexas doutrinas a respeito da cosmologia, da epistemologia, da política e da alma. Mas Strauss foi mais longe, postulando que a tradição platônica antiga e medieval originada da atividade de Sócrates praticava o esoterismo nas relações políticas e pedagógicas. Esta afirmação decorria do seu estudo de Al-Farabi, o filósofo islamista do primeiro medievo que também teve decisiva influência em Maimônides, seu equivalente medieval judeu. O ponto de vista habitual sobre Al-Farabi e Maimônides é que pretendiam reconciliar a filosofia clássica com a lei revelada. Strauss convenceu-se de que esta era apenas uma fachada exotérica publicamente aceitável e de que por trás dela havia um ensinamento esotérico mais sutil.

Tal como caracterizados por Strauss, Al-Farabi e Maimônides eram filósofos que se defrontaram com poderosas convenções sancionadas por religiões reveladas desconhecidas do mundo clássico. Entenderam que a revelação e a filosofia jamais poderiam refutar uma à outra nem ser intelectualmente sintetizadas sem abandono de uma ou de outra. Mas também entenderam que o ceticismo da filosofia podia apresentar sérios riscos, quer para o próprio filósofo, quer para os fundamentos morais-legais da cidade, que num certo nível repousam em crenças inquestionáveis. A filosofia vive com um horizonte permanentemente aberto, deixando por resolver muitas questões básicas a respeito da moral e da mortalidade. A maioria das pessoas, e todas as sociedades, precisam de respostas prontas para essas questões. Como haverá o filósofo, então, de se comportar de maneira responsável em tal situação, ao mesmo tempo permanecendo ele mesmo?

Segundo Strauss, Al-Farabi e Maimônides escreveram de um jeito que o leitor distraído poderia ficar com a impressão de que a filosofia e a revelação são compatíveis. Essa lição exotérica é duplamente benéfica. Ela permite ao filósofo viver e ensinar livre da suspeita de autoridades ideológicas e políticas; e também planta a ideia de que essas autoridades precisam se justificar perante o tribunal da razão, assim funcionando como freio à superstição e à tirania. O leitor atento, contudo, notará que esses textos são cheios de contradições, lacunas, estranhas digressões, repetições sem sentido e silêncios. Ao se aprofundar neles, o leitor começa a aprender uma lição diferente, esotérica, segundo a qual a filosofia e a revelação não são absolutamente compatíveis. Essa lição esotérica também é duplamente benéfica. Ensina ao leitor que a autêntica filosofia pode e deve ser livre de quaisquer compromissos teológicos e políticos; e também lhe ensina pelo exemplo como lidar com segurança com a autoridade convencional. O feito de Al-Farabi e Maimônides foi ter demonstrado como a filosofia pode ser ao mesmo tempo livre, quando praticada de maneira esotérica, e politicamente responsável, quando praticada de maneira exotérica.

Tendo feito essa descoberta, Strauss recuou no tempo, desenvolvendo uma imagem idealizada de uma tradição filosófica "antiga" ou "clássica" que também era esotérica. Ficou obcecado em estabelecer de que maneira essa tradição desapareceu na era moderna, transformando a história num *mythos* do declínio e queda do pensamento ocidental. (E, por implicação, da civilização ocidental.) Aqui, o débito de Strauss para com Heidegger fica bem evidente. Mas a leitura simultânea dos dois também oferece uma lição sobre as diferentes maneiras como o pessimismo histórico pode traduzir-se em nostalgia intelectual, para em seguida alimentar a ação política. O próprio Heidegger percorreu esse circuito, começando como a grande esperança jovem da filosofia moderna, até se transformar, uma década depois, em fascista entusiasticamente fazendo o elogio da "verdade e grandeza interiores do nacional-socialismo" e terminando a vida em desgraça política, o tempo todo profetizando que "agora só um Deus pode nos salvar". Uma história bem alemã. Strauss levou uma vida tranquila e modesta ensinando a alunos americanos e escrevendo livros de erudição, sem jamais se envolver em política. Mas, nas décadas que se seguiram à sua morte em 1973, uma surpreendente quantidade de alunos formados na escola por ele fundada fez carreira não como professores de filosofia, mas como militantes engajados na política de Washington. Esta é uma história bem americana.

Strauss veio para os Estados Unidos no meio da vida, aos 38 anos. Passara a maior parte da década de 1920 como um intelectual alemão itinerante, trabalhando e ensinando em vários centros de pesquisa judaicos, no mesmo tempo em que escrevia livros sobre Spinoza e Maimônides. Suas circunstâncias finalmente mudaram em 1932, quando recebeu uma bolsa Rockefeller para pesquisar em Paris, onde permaneceu até 1934, e em seguida na Inglaterra, onde viveu até 1937. Em vista do que sucedia na Alemanha, a bolsa pode ter salvado sua vida. Strauss publicou um livro muito admirado sobre Hobbes quando estava na Inglaterra, país que ele amava e, a julgar por sua correspondência, onde teria preferido ficar. Mas lá ele não tinha perspectivas acadêmicas, nem tampouco na Palestina, onde seu amigo Gershom Scholem não conseguiu garantir-lhe uma colocação.

Por fim, Strauss voltou-se para os Estados Unidos, país pelo qual até então não manifestara interesse. Depois de breve período como *research fellow* na Universidade Columbia, ele obteve seu primeiro emprego fixo como professor na New School for Social Research, em 1938, ali passando dez anos obscuros, mas intelectualmente produtivos. Em 1949, Strauss trocou a New School pela Universidade de Chicago, onde permaneceria por duas décadas, construindo a escola dos "straussianos".

Strauss foi para Chicago num momento importante da história da educação superior americana. A Segunda Guerra Mundial acabara de terminar, o nazismo fora derrotado e a guerra fria com o comunismo soviético tivera início. As universidades se expandiam, em tamanho e em alcance, passando a admitir pessoas que até então tinham sido excluídas. Nesse ambiente, podemos imaginar o entusiasmo dos alunos quando um estrangeiro baixo e modesto, de voz aguda, entrou na sala de aula e começou a analisar os grandes livros, linha por linha, afirmando que tratavam das mais urgentes questões existenciais e políticas — e que podiam conter a verdade. O efeito terá sido ainda mais intenso para os alunos judeus americanos, que, numa época em que a assimilação cultural ainda parecia a opção mais sábia, se viram diante de um professor que tratava o judaísmo e a tradição filosófica com igual seriedade e dignidade.

O método pedagógico de Strauss ficou famoso pela simplicidade e objetividade. Um aluno era convidado a ler um trecho da obra em discussão; Strauss fazia um comentário ou dois, apontando contradições ou discrepâncias com trechos anteriores; um aluno podia então levantar uma questão, o que sugeria a Strauss digressões, levando-a a um nível muito superior e ilustrando-a com exemplos não raro simples e banais. (Ele gostava particularmente de exemplos extraídos de uma coluna de conselhos publicada num jornal da época, "*Dear Abby*".) Seguia-se então para o trecho seguinte. E pronto. Nenhuma tentativa de encaixar a obra em algum arbitrário contexto histórico; nem tampouco exortações a desencarnados fluxos de pensamento. As únicas questões relevantes eram: O que Aristóteles, ou Maimônides, ou Locke, ou Nietzsche quis dizer nesta obra? E será que, a olhos generosos, ele poderia estar certo?*

Os seminários de Strauss eram quase sempre dedicados a determinada obra filosófica, e não a vastas extensões da história intelectual. Mas pouco depois de chegar a Chicago ele foi convidado a fazer as prestigiosas Walgreen Lectures, que viriam a ser publicadas em 1953 sob o título *Direito natural e história*. Esta obra, seu trabalho mais influente, deve ser considerada o documento fundador da escola straussiana. Foi por assim dizer a candidatura de Strauss à cidadania e sua maneira de aceitar sua cátedra acadêmica em ciência política.

No livro, ele desenvolvia uma série de teses originais sobre a história da filosofia política, todas voltadas contra a concepção liberal padrão que descrevia uma evolução constante do pensamento clássico ao medieval cristão, ao autoritário do início da modernidade, ao democrático da modernidade tardia e ao socialista. Strauss sustentava que, numa visão correta, houvera uma única tradição coerente de "direito natural clássico" que se estendia de Sócrates a Tomás de Aquino. Essa tradição estabelecia uma estrita distinção entre natureza e convenção, sustentando que a justiça é o que entra em concordância com aquela, e não com esta. Se as regras da natureza são descobertas por meio da filosofia ou da revelação, se determinada descrição da natureza é mais convincente que outra, tudo isso é menos importante, segundo Strauss, que a convicção de que a justiça natural de fato é o padrão

---

* Graças ao Leo Strauss Center da Universidade de Chicago, muitas gravações e transcrições de áudio dos cursos de Strauss podem atualmente ser consultadas online. Ver leostrausscenter.uchicago.edu.

pelo qual devem ser avaliados os acertos políticos. O que Maquiavel representava, aos olhos de Strauss, era uma grande rebelião contra esse padrão — não só contra o cristianismo, mas contra a tradição do direito natural clássico como um todo. Efetuada essa ruptura, era apenas uma questão de tempo para que o pensamento moderno — depois de paradas intermediárias no liberalismo e no romantismo — resvalasse para o relativismo e o niilismo.

A densa e brilhante tese de *Direito natural e história* é exposta com inusitada desenvoltura, mas sem sacrificar a objetividade e a ironia características de Strauss. Embora conte uma história da filosofia, o livro o faz de um jeito que obriga o leitor a pensar muito em questões fundamentais. Se consegue convencer já é outra questão. Os críticos têm acusado Strauss de ignorar os períodos históricos muito diferentes em que seus autores escreveram, de subestimar ou mesmo ignorar a ruptura do cristianismo com o passado clássico e as raízes cristãs das primeiras discussões modernas sobre os direitos humanos e os limites do governo, além de muitos outros equívocos. E até alunos de Strauss reconhecem a dificuldade de coadunar seu tratamento do direito natural com o tratamento que reserva ao método socrático, que envolve o questionamento de quaisquer recursos à autoridade, inclusive a da natureza.

Mas os verdadeiros problemas em relação a *Direito natural e história* não eram históricos, mas pedagógicos. Se Strauss tivesse voltado à Europa para ensinar depois da guerra, seus alunos já teriam estudado a história da filosofia, ainda que superficialmente, no colegial. Isto poderia tê-los deixado mais suscetíveis ao historicismo e ao relativismo, e hostis à própria ideia de direito natural. Mas em compensação provavelmente se inclinariam mais — como se inclinam os admiradores europeus de Strauss hoje — a vê-lo também com um pensador explorando a tradição filosófica para seus próprios fins. Os seguidores americanos têm encontrado dificuldade para vê-lo a essa luz, como um pensador original cujo exemplo poderia ajudá-los a seguir seus próprios caminhos. Eles o encaram menos como Sócrates do que como Moisés, e *Direito natural e história*, como tábuas trazidas da montanha. Em pouco mais de trezentas páginas, o livro oferecia aos estudantes americanos sem contato com qualquer outro relato da história da filosofia uma versão épica e certinha, rastreando nosso declínio intelectual da Época de Ouro de Atenas à moderna Época do Ferro. É um script. Mas ao contrário do script que podia ser ensinado num colégio europeu, paralelamente a outros, esse script conferia aos Estados Unidos um lugar importante no desdobramento de uma narrativa única.

Strauss introduzia o livro com as palavras da Declaração de Independência, "consideramos essas verdades evidentes", e então perguntava: Será que ainda consideramos? O Ocidente contemporâneo ainda acredita em "direitos inalienáveis" na esfera natural, ou será que acreditamos, como diz Strauss secamente, que "todos os homens são dotados pelo processo evolutivo ou por algum destino misterioso de muitos tipos de anseios e aspirações, mas certamente de nenhum direito natural"? Se assim for, não significaria isto que o liberalismo moderno resvalou para o relativismo, e não seria isto impossível de distinguir do tipo de niilismo que deu origem aos desastres políticos do século XX? "A rejeição contemporânea do direito natural leva ao niilismo", escreve Strauss, "ou, por outra, é idêntica ao niilismo". Como recurso retórico para despertar interesse pela tarefa aparentemente superada de resgatar a filosofia clássica, essa introdução funciona brilhantemente. Mas também suscita o pensamento muito peculiar de que tal empreitada está estreitamente ligada ao destino americano.

Strauss jamais escreveu um único ensaio sobre o pensamento americano e apenas algumas páginas mais breves sobre "a crise da nossa época", exercícios dispensáveis de *Kulturpessimismus* weimariano evidenciando pouca sensibilidade para a vida americana. Depois de *Direito natural e história*, ele passou a maior parte do tempo em Chicago dando cursos sobre importantes figuras europeias da história da filosofia, concentrando-se principalmente em suas obras políticas. Como ele, seus alunos na época também se interessavam sobretudo por estudar velhos livros, reviver *la querelle des anciens et des modernes* e adaptar uma compreensão aristocrática da vida filosófica à ligeira vulgaridade do cenário democrático americano. Fizeram o possível para imitar Strauss, sendo a principal diferença o zelo e a retórica de missionária elevação moral que por vezes permeava seus escritos. Alguns dos primeiros alunos de Strauss se envolveram em política (um deles escreveu discursos para o candidato presidencial republicano de 1964, Barry Goldwater), e é verdade que os conservadores se sentiam atraídos por ele por causa do seu ceticismo em relação às ideias modernas de progresso e da sua hostilidade ao comunismo. Mas também eram atraídos os liberais da Guerra Fria que compartilhavam sua admiração por Lincoln e queriam ter um entendimento claro das fraquezas da democracia liberal para protegê-la. A maioria provavelmente era de democratas naqueles anos, apoiando o movimento dos direitos civis, mas a escola straussiana foi sempre de caráter erudito, e não partidário.

Depois de 1968, tudo isto mudou. As universidades implodiram, e os straussianos reagiram particularmente mal às revoltas estudantis e a tudo aquilo que se seguiu na sociedade americana. Com Strauss, tinham aprendido a encarar a educação genuína como uma empreitada necessariamente de elite, difícil de manter numa sociedade de nivelamento democrático. E graças a *Direito natural e história*, eles também se inclinavam a ver a ameaça do "niilismo" espreitando nos interstícios da vida moderna, à espera de ser liberada para transformar a América em Weimar. Era esta a premissa de base de *The Closing of the American Mind* (1987), de Allan Bloom, ajudando a explicar por que suas fundamentadas percepções sobre a juventude americana ficaram enterradas em *Weltschmertz* e num pessimismo de Cassandra. Bloom e vários outros influentes straussianos passaram a década de 1960 na Cornell University, que teve uma experiência particularmente desagradável de violência estudantil, assédio racial e covardia liberal diante dos ataques contra a universidade. Prédios foram ocupados, membros do corpo docente, ameaçados, o presidente da universidade, agredido. Esse momento parece ter sido uma revelação apocalíptica para Bloom, abrindo seus olhos para o fato de que, "seja em Nuremberg ou em Woodstock, o princípio é o mesmo", e de que "o Iluminismo na América chegou perto de exalar seu último suspiro nos anos 1960".

Depois da década de 1960, começou-se a assistir ao desenvolvimento de um catecismo novo e mais político entre certos discípulos de Strauss. Ainda existem muitos straussianos apartidários e que se dedicam exclusivamente a ensinar velhos livros. Mas muitos outros, traumatizados pelas mudanças ocorridas nas universidades e na sociedade americanas, começaram a gravitar para os círculos neoconservadores que então se formavam em Nova York e Washington. O catecismo que esses straussianos políticos começaram a ensinar a seus alunos não está registrado em lugar algum, mas não porque exista uma doutrina secreta sendo transmitida por meios esotéricos. O catecismo de tal modo permeia a maneira como eles pensam hoje sobre Strauss, e portanto sobre eles próprios e seu país, que seus princípios filosóficos e políticos nem precisam ser articulados.

Ele começa pelo pressuposto de que o Ocidente liberal moderno está em crise, incapaz de se defender intelectualmente de inimigos internos e externos auxiliados pelo relativismo histórico. Essa crise nos obriga a entender de que maneira o pensamento moderno chegou a semelhante impasse, o que nos leva de volta à ruptura com o pensamento clássico. Lá, descobrimos a prudência da filosofia clássica, que treinava seus adeptos diretamente, e os estadistas indiretamente, a respeito do direito natural e dos problemas fundamentais da política. Essa prática, sugere-se então, merece ser resgatada, especialmente nos Estados Unidos, que se fundaram explicitamente sobre a ideia do direito natural e, portanto, ainda a levam a sério. Semelhante exercício não só serviria para aperfeiçoar o regime americano como contribuiria para a defesa da democracia liberal em toda parte. Conclusão subentendida: a América tem uma missão histórica redentora — ideia em momento algum articulada pelo próprio Strauss.

O ano de 2003 assinalou o trigésimo aniversário da morte de Strauss. Naquele ano, vários magníficos estudos sobre o seu pensamento foram publicados na Europa, onde sua reputação póstuma continua a crescer e as traduções de seus escritos se multiplicam. Uma edição de suas obras reunidas, a cargo de um estudioso alemão, prossegue em ritmo constante e despertou interesse pelo envolvimento de Strauss com o sionismo no início da carreira, seus pontos de vista sobre o judaísmo, sua crítica do Iluminismo e, de modo mais genérico, o "problema teológico-político". A edição também contribui para situá-lo de maneira mais central na cultura judaica alemã de Weimar, evidenciando ser ele um dos grandes intelectos da sua geração. Seus leitores europeus não estão preocupados com as opções políticas de seus discípulos americanos, tendo pouco conhecimento a respeito.

Mas não foi esse o Strauss discutido e objeto de comentários nos Estados Unidos em 2003. O aniversário de sua morte coincidiu com a invasão americana do Iraque, e ao longo dos acontecimentos que levaram à guerra os jornalistas começaram a notar que vários de seus mais destacados adeptos tinham estudado na escola straussiana. Começou a circular a ideia de que o próprio Strauss era a principal cabeça por trás da política intervencionista de promoção da democracia desenvolvida pelos neoconservadores americanos. Autores que nunca o haviam lido começaram a rastrear seus densos comentários sobre o pensamento político antigo, medieval e moderno em busca de provas incriminatórias. Como não as encontrassem, alguns chegaram a dizer que Strauss nunca escrevera suas verdadeiras ideias e que suas doutrinas políticas secretas eram passadas de maneira esotérica a seguidores que depois se infiltravam no governo americano, atuando com duplicidade. Nos extremos ideológicos, o termo "cabala" era eventualmente empregado, na ignorância (espera-se) de suas conotações antissemitas.

As suspeitas em relação a Leo Strauss e à guerra no Iraque eram fora de propósito e todo esse episódio foi vergonhoso. Mas a ligação entre os straussianos e a direita americana é perfeitamente real. Pela leitura de Strauss, seus discípulos ficam sabendo que, embora os filósofos não devam tentar realizar cidades ideais, de fato têm responsabilidade pelas cidades em que vivem. Por seus professores, aprendem a importância de defender a democracia liberal das ameaças que enfrenta, seja em casa ou no exterior. Em seguida, recebem uma pesada carga de informação sobre a fundação da nação americana, as glórias da arte política, o fardo da prudência e a necessidade da virtude cívica. Também são estimulados a pensar que os Estados

Unidos vêm resvalando para o niilismo desde a década de 1960 e que, por vulgares que sejam, o populismo de direita e o fundamentalismo religioso contribuem para que a nação recupere o senso fundamental do que é certo e errado. Este é o caminho que levou dos salões de seminários em Chicago ao complexo político-midiático de direita em Washington que transformou a política americana nas últimas cinco décadas. A muita distância de Atenas.

As ironias nesse breve capítulo da história intelectual americana são por demais numerosas para serem relacionadas. Onde, senão nos Estados Unidos, um pensador europeu convencido da natureza elitista da verdadeira educação poderia gerar discípulos que acabariam abraçando a causa dos políticos populistas? Onde, senão nos Estados Unidos, um professor de esoterismo, preocupado em proteger a investigação filosófica dos danos políticos, poderia ver seus livros usados para treinar jovens a se tornarem guardiães de uma ideologia efêmera? Onde, senão nos Estados Unidos, a prática socrática do questionamento cético poderia inspirar profissões de fé num ideal nacional? Sim, Henry James tinha razão: os Estados Unidos maltratam os legados europeus.

Correntes

De Lutero ao Walmart

A posse de móveis dos antepassados muda de significado numa alma de antiquário: pois a alma vem a ser possuída pelos móveis.
— Nietzsche

As pessoas que vivem numa época de ouro costumam andar por aí se queixando de que tudo é amarelo.
— Randall Jarrell

Não existem muitas maneiras de contar uma história. A mais antiga e duradoura é a narrativa. Todas as narrativas se parecem um pouco com a tapeçaria de Bayeux, o vasto tapete bordado do século XI apresentando a sucessão de acontecimentos que levaram à conquista normanda da Inglaterra. No desenrolar da tapeçaria, vemos homens combatendo em navios, seguidos de homens combatendo a cavalo, seguidos de homens combatendo com espadas, e eventualmente um ou outro lorde em seu castelo para variar um pouco. É o que se descortina por mais de 60 metros. Como as narrativas procuram ser abrangentes, representam documentos maravilhosamente caóticos — tal como a realidade. Dão a impressão de que os resultados da ação humana dependem de escolhas feitas pelos protagonistas no momento, de que eles vão tecendo a tapeçaria à medida que avançam.

A Bíblia hebraica pertence a essa tradição. O que torna tão dramática a narrativa do pacto é que ela acompanha o imprevisível encontro das liberdades divina e humana em todas as suas reviravoltas emocionais. Deus escolheu

Abraão, mas será que Abraão teria escolhido Deus? No fim das contas, escolheu; mas depois Isaac teve de escolher se se manteria fiel ao pacto, tal como Esaú e Jacó, e assim sucessivamente pelas gerações. A história que vai surgindo não é significativa por expor o irresistível avanço da providência, mas por não o expor. O que ela ensina é que devemos escolher para sermos escolhidos.

Os seres humanos deviam ficar satisfeitos com essas histórias e os deuses que as acompanham. Mas somos poucos os que ficamos. As narrativas depositam a responsabilidade pela história em nossos pequeninos ombros, peso de que abriríamos mão de bom grado. Nós queremos conforto. E assim, desde tempos imemoriais, fabricamos mitos para nos convencer de que entendemos os processos subjacentes graças aos quais o mundo assumiu sua forma atual. Esses mitos começam com um remoto Big Bang histórico, após o qual a vida se desdobra numa direção carregada de sentido, ainda que não suscetível de ser prevista com precisão. É um fato psicológico revelador que os mitos históricos mais comuns, com os quais as primeiras civilizações se reconfortavam, constituíssem histórias de declínio predeterminado, fornecendo motivos temporais para explicar por que a vida é tão dura. Nós sofremos porque vivemos na Era do Ferro, muito longe de nossas origens na Época de Ouro. Se formos bons, talvez um dia os deuses sorriam lá do alto e nos levem de volta para o mundo que perdemos.

O cristianismo deu as costas a essas antigas histórias de declínio predeterminado. Mas nunca se mostrou capaz de escapar à fabricação de mitos históricos, não obstante os melhores esforços dos teólogos, de Agostinho a Karl Barth. O motivo, como tão bem formulado por Hegel, é que a revelação cristã baseia-se numa incursão divina única no fluxo do tempo histórico que alterou mas não deslegitimou uma anterior relação divino-humana. O cristianismo, assim, requer uma narrativa que vincule os períodos históricos gerados por esse acontecimento: a era anterior à Encarnação, a era do presente *saeculum* e a era a ser inaugurada pela volta redentora do Cristo. No início do século IV da nossa era, Eusébio de Cesareia foi o primeiro pensador cristão a se voltar seriamente para isto, e sua narrativa progressista moldou boa parte do pensamento ocidental subsequente sobre a história. Em seu relato, Deus usou uma mão providencial para "preparar o Evangelho", guiando a história hebraica de Abraão a Jesus; com a outra mão, Ele transformou Roma, de uma pequena república, em um vasto e poderoso império. Com a conversão de Constantino ao cristianismo, essas duas trajetórias convergiram, fundindo a verdade divina com o poder mundano e inaugurando uma nova época do Reino de Deus na Terra. Em oposição ao mito pagão pessimista do Mundo que Perdemos, Eusébio oferecia seu otimista Adeus a Tudo Isso.

Mas o eusebianismo é uma armadilha teológica. A partir do momento em que coisas ruins passam a acontecer, o mito e as expectativas a ele vinculadas começam a desmoronar. Foi o que Agostinho pôde constatar em primeira mão depois do saque de Roma em 410. O desespero foi imediato e generalizado entre os cristãos romanos, que começaram a se perguntar se não estariam sendo punidos pelos antigos deuses pagãos que haviam abandonado. Para sair em seu apoio, Agostinho escreveu *A cidade de Deus*, que até hoje se destaca como a maior obra cristã sobre a história já escrita. Agostinho não se limitou a refutar seus adversários pagãos, que responsabilizavam a efeminada corrupção do cristianismo pelo colapso de Roma. Reorientou o pensamento cristão do fluxo da história para seu fim escatológico. Não sabemos por que Deus permitiu o florescimento da Roma pagã para em seguida juntá-la com a Igreja, diz Agostinho a seus leitores. Nem tampouco sabemos por que permitiu seu colapso. Só é da conta de Deus. A nós cabe pregar o Evangelho, ser corretos, permanecer na fé e servi-Lo. O resto está em Suas mãos.

Embora *A cidade de Deus* se tenha tornado uma pedra fundamental da teologia católica praticamente desde que surgiu, a tentação do eusebianismo ainda era grande — até para o próprio Agostinho, que durante a redação de sua obra-prima pediu ao discípulo Orósio que escrevesse uma *História contra os pagãos*, demonstrando como a vida de fato tinha progressivamente melhorado desde o advento do cristianismo, só para o caso de esse argumento também ser necessário. Essa tensão — entre a imagem de uma Igreja peregrina simplesmente passando, formulada por Agostinho, e a imagem de uma Igreja triunfante apresentada por Eusébio — não se resolveria na Idade Média católica. E por um bom motivo: apesar de séculos de conflitos internos em torno da autoridade papal e de conflitos externos com a Igreja do Oriente e os turcos, a Igreja católica romana de fato parecia triunfante. Até a Reforma protestante. O choque da Reforma para os cristãos medievais foi tão grande quanto o vivenciado pelos cristãos romanos depois de 410, com uma diferença importante: após as investidas de Lutero, Calvino e os reformistas radicais, a Igreja católica romana jamais teria o seu Agostinho moderno. Tampouco depois do Iluminismo — ou das Revoluções Americana e Francesa, ou da Revolução Industrial, ou das revoluções socialistas do século XIX, ou da disseminação do darwinismo, ou da secularização das escolas europeias, ou da generalização do sufrágio, ou da ascensão do comunismo e do fascismo, ou da descolonização, ou do controle da natalidade, ou do feminismo ou de qualquer outra grande mudança histórica da era moderna. A Igreja reagiu à maioria desses desafios à sua maneira tradicional: primeiro, condenando os inovadores; em seguida, tolerando algumas diferenças; e, por fim, declarando que tais inovações sempre haviam acompanhado a doutrina católica. Mas a Igreja é lenta e a história moderna avança com rapidez. Motivo pelo qual, nos cinco séculos decorridos desde a Reforma protestante, ela não mais encontraria seu equilíbrio histórico. A Igreja não dispõe de uma teologia da história amplamente aceita, apenas de uma série de encíclicas papais que refletem as preferências oscilantes deste ou daquele pontífice. O *pensar* a história moderna foi em grande medida deixado aos intelectuais leigos.

A época de ouro da historiografia católica leiga foi o século XIX, quando pensadores contrarrevolucionários como Bonald, o jovem Lamennais, Maistre e Donoso Cortés refinaram a narrativa do Mundo que Perdemos que desde então alimenta os movimentos políticos reacionários. Mas no século XX autores leigos e clericais desenvolveram uma variação mais suave e benevolente que ainda exerce atração entre os católicos. Vamos chamá-la de O Caminho Não Trilhado.

Aqueles que voltam a contar esse tipo de história dizem-nos que a certa altura da história medieval ou do início da era moderna o Ocidente deu um grande passo em falso, colocando-se no caminho para nossa modernidade, com todos os seus concomitantes problemas. Mas nenhuma pessoa ou acontecimento foi responsável por isto. A culpa cabe aos filósofos, teólogos e à própria hierarquia da Igreja. Foi um acontecimento trágico: se todos tivessem sido mais pacientes, a Igreja teria continuado a evoluir numa boa direção. A Idade Média teria por fim desaparecido e uma nova sociedade haveria de se desenvolver. Mas as guinadas da história moderna teriam sido menos radicais, evitando o pior. A mudança teria sido mais gradual, as investidas radicais contra a Igreja, desnecessárias, e a Igreja por sua vez não teria assumido a atitude defensiva reacionária que manteve desde a Revolução Francesa até Vaticano II. Confinado o debate moral nos limites flexíveis da ortodoxia católica, importantes valores humanos teriam sido preservados do dogmatismo secular e do ceticismo. Teríamos sido poupados da brutalidade da era industrial, dos monstros da ciência moderna e do individualismo vazio da nossa época. Globalmente, estaríamos levando uma existência mais feliz, frutífera e humana.

Algumas estimulantes obras católicas foram escritas nesse gênero. Entre as melhores está *Reason and Revelation in the Middle Ages* [Razão e revelação na Idade Média], do grande medievalista francês Étienne Gilson. Com base numa série de conferências pronunciadas por Gilson na Universidade de Virgínia em 1937, o livro traça a história da teologia católica, de suas origens anti-intelectuais em pais da Igreja como Tertuliano ao hiper-racionalismo da escolástica tardia, ambos rejeitados por Gilson. Ele adotou a clássica posição tomista de que só Tomás de Aquino havia conseguido conciliar razão e revelação de um modo que fazia justiça às verdades da teologia e da filosofia. Mas, uma vez solapada a síntese tomista por ockhamistas, scotistas e outros escolásticos empenhados em aperfeiçoá-la, a reação estabeleceu-se, abrindo caminho para a dura *sola scriptura* de Martinho Lutero e o frio racionalismo científico de Descartes. Ambos representaram verdadeiros desastres para a mente ocidental. E, no entanto, a *Summa Theologiae* continua aí, apontando para o Caminho Não Trilhado.

Outras obras desse gênero seriam mais políticas. Durante a Segunda Guerra Mundial, duas influentes histórias intelectuais foram publicadas por jesuítas europeus, uma na Suíça e a outra na França ocupada. O monumental e respeitadíssimo *Apocalypse of the German Soul* [Apocalipse da alma alemã] de Hans Urs von Balthasar traçava o percurso da corrente prometeica do pensamento alemão moderno desde os idealistas e românticos até Heidegger e Karl Barth. *O drama do humanismo ateu*, de Henri de Lubac, apresentava pensadores novecentistas como Comte, Marx e Nietzsche como profetas da autodeificação do homem moderno, que levou inexoravelmente à sua desumanização. Urs von Balthasar e Lubac não eram simples declinistas, contudo, nem romantizavam um imaginário mundo perdido. Contavam suas histórias para redirecionar a atenção de volta a uma tradição intelectual abandonada que esperavam reviver após a catástrofe da guerra mundial.

A maioria de nós, hoje, não acredita que vivamos numa época tão catastrófica. Mas nos últimos trinta anos o gênero Caminho Não Trilhado entrou em voga novamente com uma nova geração de católicos antimodernos (e alguns anglicanos) de esquerda e de direita, dos membros do movimento pós-moderno Ortodoxia Radical na Grã-Bretanha aos teoconservadores americanos. E todos eles se inspiraram naquele que veio a se revelar um dos livros mais influentes da nossa época: *Depois da virtude*, de Alasdair MacIntyre, publicado em 1981. Borrando a linha divisória entre história intelectual e argumentação filosófica, MacIntyre — um marxista que se converteu ao catolicismo — desenvolveu uma convincente história sobre como surgiu nosso mundo sombrio. Era uma vez a tradição aristotélica de reflexão moral, que, atravessando sem interrupção a antiguidade e a Idade Média católica, deu aos europeus uma narrativa coerente para entender e praticar a virtude em sua vida individual e coletiva. Essa tradição foi destruída pelo "projeto Iluminismo", que desfez o trabalho de séculos — não só o trabalho da Igreja, mas aquele empreendido por qualquer sociedade saudável para assentar a moral numa tradição de prática viva. Ao destruir essa tradição, o Iluminismo involuntariamente abriu caminho para o capitalismo aquisitivo, o nietzschianismo e o emotivismo liberal relativista em que vivemos hoje, numa sociedade "sem esperança de alcançar um consenso moral". MacIntyre não manifestava qualquer esperança ou desejo explícito de volta à Idade Média. Em vez disso, seu livro conclui com um apelo visionário pela criação de novas comunidades morais baseadas em velhos modos de pensamento, nas quais uma vida moral coerente possa ser cultivada novamente. Eis sua frase conclusiva: "Não estamos esperando por Godot, mas por outro — certamente muito diferente — São Benedito."

Depois da virtude não é uma obra acadêmica de história nem pretende sê-lo. É uma forte obra de pregação que termina numa espécie de oração. O mesmo se aplica a *The Unintended Reformation* [A reforma involuntária], de Brad Gregory, obra gigantesca e muito discutida inspirada pelo exemplo de MacIntyre.* À primeira vista, parece uma história convencional, com ambiciosos capítulos sobre desdobramentos ocorridos depois da Reforma na filosofia, na política, na educação, na economia e na sociedade civil, complementados por 150 páginas de densas notas. Quanto mais fundo mergulhamos nesse livro, contudo, mais nos damos conta de que estamos assistindo a um teatrinho de sombras projetado na parede de alguma gruta do Vaticano. Uma história franca e direta do Ocidente após a Reforma escrita de um ponto de vista explicitamente católico teria sido um acréscimo bem-vindo à nossa compreensão do período e de nós mesmos. Em vez disso, Gregory oferece-nos um dissimulado guia criptocatólico de viagem pelo Caminho Não Trilhado, muito bem recebido pelos críticos da sociedade liberal contemporânea, sejam de direita ou de esquerda. O anseio da criação teológico-política de mitos deu um jeito de sobreviver à devastação da nossa era secular.

O objetivo do livro, diz ele, é explicar "como a Europa e a América do Norte tornaram-se o que são hoje". (Passada a segunda página do livro, a Europa contemporânea mal chega a ser mencionada, transformando o livro em mais uma história americanocêntrica "do Ocidente".) E como é que vivemos hoje? Nada bem. Gregory mostra-se preocupado com o fato de nossa vida política ser polarizada, de "o capitalismo e o consumismo Walmart" serem idealizados, de a degradação ambiental estar-se acelerando a uma velocidade alarmante, de os padrões escolares declinarem e de o discurso público ser governado pela

---

* *The Unintended Reformation: How a Religious Revolution Secularized Society* (Harvard University Press, 2012).

correção ideológica e pelo relativismo cultural. Para ele, esses vastos e variados problemas têm uma única origem: o "hiperpluralismo" das sociedades modernas. A expressão aparece no livro com regularidade metronômica, alterada por uma torrente de adjetivos como "infindável", "confuso", "involuntário", "importuno", "gangrenoso" e "hegemônico". "Todos os ocidentais", afirma Gregory a certa altura, "vivem no Reino do Vale-Tudo".

Exceto quando não vivem. Pois a esta altura esse hiperpluralismo já se enraizou tão profundamente em nossas instituições, especialmente as universidades, que aqueles que o questionam são banidos da vida intelectual. Por um lado, "nos limites da lei, vale literalmente tudo no terreno das verdades e práticas religiosas"; por outro, "as verdades religiosas observadas por bilhões de pessoas são descartadas de qualquer consideração em seus próprios termos em quase todas as universidades de pesquisa", nas quais "aqueles que rejeitam quaisquer respostas religiosas substantivas para as Questões da Vida [...] estão estatisticamente super-representados". O que o incomoda não é o fato de não haver um consenso social, e sim de o consenso de que dispomos apoiar o pluralismo moral. "Não existe um bem comum substantivo e compartilhado, nem qualquer perspectiva realista de providenciá-lo (pelo menos num futuro imediato previsível)." Tampouco podemos esperar alguma ajuda das universidades católicas, que em sua pressa de parecer tolerante da modernidade "abriram inadvertidamente as portas para um cavalo de Troia intelectual trazendo uma carga de pressupostos subversivos".

Gregory conta duas histórias independentes sobre a maneira como tudo deu errado, talvez na esperança de que, se uma não convencer o leitor, a outra possa fazê-lo. A primeira diz respeito à Reforma histórica. Gregory não apresenta sequer uma breve história da Idade Média católica que antecedeu a Reforma, apenas uma imagem estática e rósea do Mundo que Perdemos. (Também evita a palavra "católico", preferindo "cristianismo medieval", que parece mais abrangente.) Se não era um mundo totalmente feliz, pelo menos era relativamente harmonioso, apesar do que se costuma pensar. Sim, havia discordâncias teológicas e conflitos de autoridade, opondo papas, ordens monásticas, comunidades eclesiais, imperadores e príncipes. Sim, a Igreja se dividiu entre Igrejas Oriental e Ocidental, e durante algum tempo houve papas rivais. E, sim, foram cometidos erros. Os heréticos sofriam violências, cruzadas sem sentido foram empreendidas, judeus e muçulmanos foram expulsos ou pior ainda. Mas apesar de tudo o *complexio oppositorum* católico manteve sua coesão graças a uma visão institucionalizada e unificada do bem humano. "Ao longo de mais de um milênio, a Igreja tinha gradualmente institucionalizado de maneira não sistemática em toda a Europa latina uma visão de mundo abrangente e sacramental baseada em alegadas verdades sobre os atos de Deus na história e centrada na encarnação, vida, ensinamentos, morte e ressurreição de Jesus de Nazaré." E isto se traduzia numa "vida social compartilhada de fé, esperança, amor, humildade, paciência, abnegação, perdão, compaixão, serviço e generosidade [que] simplesmente era o cristianismo". Ele não apresenta qualquer prova desta afirmação, pelo simples motivo de que não poderia mesmo existir nenhuma.

E então veio a catástrofe. A própria Igreja era em parte culpada pela criação das condições de que se queixavam os primeiros reformistas, e por não se policiar. As acusações levantadas por Lutero e Calvino tinham fundamento, e sua rebelião foi inicialmente uma rebelião conservadora empenhada em restabelecer o juízo da Igreja. Mas as coisas saíram de controle, à medida que o embriagador espírito da rebelião se disseminou também entre os jacobinos espirituais da Reforma radical. São eles nossos verdadeiros pais fundadores, tendo-nos legado não um conjunto coerente de doutrinas morais e teológicas, mas o corrosivo pluralismo que caracteriza nossa época. Os radicais negavam a necessidade de sacramentos ou relíquias, nos quais os fiéis comuns acreditavam, entregando-lhes Bíblias que não tinham condições de entender. *Sola scriptura*, além da ideia de que qualquer um podia ser preenchido pelo Espírito Santo, inspirava cada reformista radical a se tornar seu próprio São Paulo — para em seguida exigir que os vizinhos largassem as redes de pesca para segui-lo. Surgiram discordâncias, levando à guerra, que por sua vez levou à criação de Estados confessionais, que levaram a mais guerras. O liberalismo moderno nasceu para superar esses conflitos, o que de fato fez. Mas o preço foi alto: ele requeria a institucionalização da tolerância como a mais alta virtude moral. A Igreja católica do século XIX rejeitou todo esse pacote e recuou para o interior de suas muralhas, onde a vida intelectual declinou e os dogmas se cristalizaram. E assim deixou que o restante de nós mergulhasse cada vez mais fundo no mundo confuso, insatisfatório, hiperpluralista, consumista e dogmaticamente relativista de hoje.

E foi assim que passamos de Lutero a Walmart.

Mas se essa história não convencê-lo, Gregory tem outra. Esta, pouco tendo a ver com a Reforma, está centrada nas transformações da teologia medieval e da primeira filosofia moderna que prepararam aquela que é, a seus olhos, a nossa visão contemporânea. No cerne da questão está a velha disputa entre teologia afirmativa e teologia negativa — em termos muito genéricos, se tem algum sentido falar dos atributos de Deus ou se Ele é Aquele do qual nada pode ser dito. Gregory considera que a maneira como se pensa essa questão pode afetar a maneira como se pensa praticamente tudo mais. Mas, mesmo quando se compartilha esse ponto de vista (o que é o meu caso), não se segue que as disputas teológicas desse tipo *de fato* tenham mudado a maneira como pessoas de todos os níveis da sociedade cristã pensavam a condição humana. É um deslize típico das mito-histórias.

Gregory abraça o ponto de vista de que antes da Reforma a harmonia celestial se refletia na vida e no pensamento cristãos. O que o leva a afirmar (argumentar seria uma palavra forte demais) que antes dos escritos tardo-medievais de João Duns Escoto e Guilherme de Ockham algo denominado "metafísica cristã tradicional" exercia uma influência dominante e tendia para uma direção teológica algo negativa. Segundo "ensinamentos cristãos tradicionais", escreve ele, "Deus é literalmente inimaginável e incompreensível". É difícil saber aqui o que ele quer dizer com "tradicionais", considerando-se os séculos de discordâncias a respeito do que significa dizer que Deus é, ou que age providencialmente, ou opera milagres, ou encarnou, ou pode ser entendido, ou está presente na Santa Eucaristia. (Por ser o pensamento cristão medieval tão pluralista é que Tomás de Aquino sentiu-se compelido a impor a ordem no caos em sua *Summa Theologiae*.) Ou saber como tal metafísica se manifestava no nível popular, no qual o clero comum e os fiéis pensavam em Deus como o Grande Ser Barbudo, consideravam que os milagres eram obra direta de Suas mãos, veneravam os santos e suas sagradas relíquias, praticavam magia e engoliam a hóstia sagrada inteira, para que seus dentes não ferissem a carne do Cristo.

Há muito os tomistas modernos sustentam que os desvios em relação à *Summa* da parte de Scotus e depois Ockham inadvertidamente abriram caminho para a filosofia e a ciência modernas. A argumentação (simplificada) é a seguinte: Scotus comprometeu a transcendência de Deus ao sustentar que um conceito único de ser se aplica tanto a Ele quanto à Sua criação, ao passo que Tomás de Aquino dissera que só uma analogia poderia ser estabelecida entre os dois. Uma vez que se acreditava que Deus e a criação moravam na mesma montanha, por assim dizer, surgia a questão de saber até que altura da encosta seria necessário subir para explicar as coisas lá embaixo. A resposta da ciência moderna seria: não muito. Deus é uma hipótese que, para finalidades práticas, podemos dispensar. Para tomistas como Gilson, a separação entre ciência moderna e teologia — e, subsequentemente, moralidade — foi predeterminada por esses dois sutis desvios teológicos em relação à grande *Summa*.

Mas Gregory não está interessado em defender o tomismo — nem sequer a teologia, da qual parece desconfiar, considerando-a talvez incapaz de provar o que ele quer que ela prove. E, assim como muitos teoconservadores americanos, ele encontra uma saída populista. Incomoda-o não só que "a religião não seja nem possa ser considerada potencialmente uma fonte de conhecimento", apenas "uma questão de opinião subjetiva e preferência pessoal", mas também o pressuposto secular contemporâneo de que "o conhecimento deve basear-se em provas, deve fazer sentido" e "ser universal e objetivo: se uma coisa é conhecida ou suscetível de ser conhecida, seu conteúdo não depende de quem o descobre". Ele quer defender outras "maneiras" de conhecer, às quais se refere como "participativas redentoras" e "experienciais", paralelamente a "uma visão sacramental da realidade".

A essa altura, uma névoa narcótica desce sobre o livro. Gregory quer levar--nos a crer que o cristianismo medieval anterior à queda teológica harmonizava imperceptivelmente distintos "tipos" de conhecimento, misturando teologia, ciência natural e "um conhecimento participativo da fé individualmente diferenciado e seu modo comum de vida, baseado em última instância e acima de tudo nos atos de Deus em Jesus". E quais seriam exatamente a natureza e o conteúdo desse conhecimento? Gregory não explica. Talvez, por sua própria natureza, ele não possa ser comunicado verbalmente. O máximo que nos é dito sobre a vida cristã nos velhos tempos é que, "quanto melhor alguém a vivia — quanto mais santo fosse —, mais clara se tornava a verdade [de Deus], uma *sapientia* além da mera *scientia*. A sagrada sabedoria vivenciada dos santos, independentemente de serem eruditos ou brilhantes, é que mais patentemente corporificava esse tipo de conhecimento". Se esta afirmação parece obscura, o mesmo não acontece com a seguinte: no cristianismo medieval, "a busca do conhecimento para alguma outra finalidade, ou como um fim em si mesmo, era literalmente vã, no sentido de despropositada".

A fé em busca do entendimento, com hora para acabar — este é o ideal histórico, e aparentemente futuro, de Gregory. O que houve com ele? A culpa recai em parte na escolástica tardia, que levou adiante seus jogos dialéticos até tarde da noite, sem pensar na fé viva dos outros. E depois, como se sabe, a Bíblia foi "deixada à solta entre os 'homens comuns'" pela Reforma. Posteriormente, Estados e universidades se dividiram por confissão, o conhecimento tornou-se uma ferramenta do poder de Estado, as escrituras foram submetidas a críticas mais elevadas e as disciplinas se separaram umas das outras. Na Europa, a moderna universidade de investigação de Wilhelm von Humboldt distanciou-se das questões e filiações religiosas, e, nos Estados Unidos, as faculdades geridas por medrosos protestantes liberais acabaram sucumbindo a esse vírus alemão, dando origem a nossa multiversidade carente de centro, que gerou o vale-tudo do pós-modernismo antirracional de hoje.

E foi assim que passamos da escolástica ao estruturalismo.

É uma história e tanto, ou duas, que Gregory conta. Agora vejamos uma terceira.

Era uma vez, quando os homens eram heróis e Júpiter era venerado, um profeta provinciano que se declarou Filho de Deus e amealhou seguidores entre fanáticos anticoloniais, habitantes místicos de cavernas, escravos ressentidos e donas de casa da colina romana do Palatino. Seu movimento antinomiano espalhou o caos num mundo pagão flexível e complexo, perturbando sua bem assentada visão moral da vida. Seguiu-se uma disputa pelo comando entre sectários judeo-cristãos e gnósticos munidos de diferentes escrituras, numa guerra de palavras que logo envolveria monarquianistas, montanistas, arianos, nestorianos, pelagianos e incontáveis outros tipos de heréticos que também viriam a se declarar como tais. Enquanto eles discutiam sobre questões absurdas, como saber se o espírito pode tornar-se carne, partidários dos antigos deuses sacudiam a cabeça, apontavam a corrupção de seus virtuosos *Romanitas* e botavam a culpa de tudo nos sabichões em guerra.

Passados alguns séculos, contudo, as coisas se acalmaram. O antinomianismo deu lugar a uma vaga ortodoxia teológico-política que abençoava uma nova civilização com uma ordem moral coerente, novas reservas de conhecimento e extraordinárias realizações artísticas. Durou um milênio. Até que apareceu um segundo movimento de inspiração bíblica, apelando também para os destituídos, e desfez o trabalho de séculos. Nova disputa pelo comando manifestou-se entre sectários radicais divididos em relação a questões absurdas; toda coerência se perdera. E mais uma vez, depois de cinco séculos, as coisas se acalmaram, e hoje existe uma nova ortodoxia moral-política que podemos chamar de individualismo. Embora carente de adornos teológicos, ela na verdade deve muito a Jesus, que foi um libertário *avant la lettre*, profetizando a vitória final da alma individual e sua experiência íntima sobre a dominação dos vínculos comunitários tradicionais e da autoridade religiosa ilegítima. A nova ortodoxia trouxe uma visão de mundo perfeitamente coerente que explica a condição humana (somos corpos que nascem e morrem sozinhos), o que vem pela frente (nada) e o que precisamos para ser felizes (*carpe diem*). E além do mais, o que não é desprezível, ela mantém a paz, pois a guerra é ruim para os negócios. O novo catecismo não alcançou todos, e a resistência em certas regiões é forte e às vezes armada. Mas, se esses retrógrados não foram convertidos, seus filhos ou netos acabarão sendo. E o mundo será como um só.

É uma história convincente — além de antiga, montada com fragmentos de Juliano, o Apóstata, Eusébio de Cesareia, Otto de Freising, Bacon, Condorcet, Hegel, Feuerbach e os futuristas do atual Vale do Silício. Naturalmente, não passa de um mito — não uma mentira, apenas uma montagem imaginosa de acontecimentos e ideias passados e esperanças e medos atuais. Exatamente como *The Unintended Reformation*, de Brad Gregory.

Por que as pessoas ainda sentem necessidade de mitos desse tipo? Pela mesma razão de sempre. Queremos o conforto, por mais frio que seja, de pensar que entendemos o presente, ao mesmo tempo fugindo da plena responsabilidade pelo futuro. Seria interessante escrever um livro sobre mito-histórias ocidentais contextualizadas nos períodos em que surgiram, além do trabalho sociopsicológico que realizaram em diferentes épocas. Tal livro mostraria, a começar pelo início do século XIX, de que maneira narrativas teológicas arcaicas sobre o passado foram modernizadas e usadas como argumento em guerras intelectuais por procuração a respeito do presente. É evidente que Gregory não aprecia o modo como vivemos hoje em dia, considerando que as coisas só tendem a piorar — o que não é uma preocupação irracional. Mas de que serve considerar que "a cristandade medieval fracassou, a Reforma fracassou, a Europa confessionalizada fracassou e a modernidade ocidental está fracassando", como se as civilizações passassem por distintos períodos definidos por um único "projeto"? A vida não funciona desse jeito; a história não funciona assim. Nem ajuda propriamente considerar que o apogeu da civilização ocidental foi alcançado nas décadas imediatamente anteriores à Reforma — como não ajuda aos muçulmanos considerar que o apogeu da civilização islâmica foi no reinado dos primeiros califas ou na Espanha medieval. Esses mitos servem apenas para alimentar um sonho mais traiçoeiro: de que a ação política poderia ajudar-nos a encontrar de novo o Caminho Não Trilhado. A lição de Santo Agostinho continua tão oportuna quanto há 1.500 anos: estamos fadados a abrir os caminhos enquanto avançamos. E o resto está nas mãos de Deus.

De Mao a São Paulo

Não é a menor dentre as tarefas com que hoje se defronta o pensamento pôr todos os argumentos reacionários contra a cultura ocidental a serviço do esclarecimento progressista.

— Theodor Adorno

Tertuliano, um dos pais da Igreja, referia-se a São Paulo como "o apóstolo dos heréticos" por bons motivos. Desde Marcião de Sinope, o teólogo do segundo século que invocou a autoridade de Paulo para escorar sua doutrina de que o Deus cristão era uma deidade totalmente distinta do Javé dos hebreus e superior a ele, o corpus paulino tem sido treslido com muita criatividade. É difícil encontrar no Sermão da Montanha de Jesus muita coisa que inspire esse tipo de fantasia, mas as Cartas de Paulo, com suas fortes noções sobre o pecado, a graça e a iminente redenção, são outra questão. Como diz monsenhor Ronald Knox em seu clássico estudo *Enthusiasm* [Entusiasmo], "a mente de Paulo tem sido incompreendida ao longo dos séculos; não existe aberração do cristianismo que não aponte para ele como fonte de sua inspiração, em geral encontrada em sua Carta aos romanos".

E podemos entender por quê. Vejamos estas formulações extraordinariamente sugestivas da Carta: "Porquanto nós sustentamos que o homem é justificado pela fé, sem a prática da Lei" (3:28). Significaria isto que a pura e simples fé interior se sobrepõe a qualquer lei, seja judaica, romana, grega — ou moderna? Ou que as obras carecem da suprema importância? "De sorte que não há distinção entre judeu e grego, pois ele é Senhor de todos" (10:12).

Significaria isto a absoluta universalidade dos novos preceitos religiosos e morais, abolindo toda particularidade cultural? "E, aos que predestinou, também os chamou; e, aos que chamou, também os justificou; e, aos que justificou, também os glorificou. Depois disso, que nos resta a dizer? Se Deus está conosco, quem estará contra nós?" (8:30-31). Significaria isso, de acordo com os versículos anteriores, que os chamados por Deus estão autorizados a rasgar a lei e trazer ao mundo a verdade universal mesmo enfrentando resistência? Essas interpretações heréticas podem ser filologicamente infundadas, mas que importa a filologia quando, como diz o próprio Paulo, "a criação em expectativa anseia pela revelação dos filhos de Deus" (8:19)?

A importância de São Paulo aumentou e recuou ao longo da história cristã. Mas ele nunca caiu das graças dos que anseiam por escapar de um presente insuportável e promover nossa futura redenção. Nem é preciso acreditar na divindade de Cristo para acreditar que Seu discípulo mais radical nos mostra o caminho para um futuro melhor.

Quem entrar hoje em dia numa livraria religiosa americana encontrará muito poucos livros sobre as Cartas de Paulo, e muito menos ainda dignos de serem lidos. Mas, se percorrer as estantes de uma livraria universitária secular, vai-se deparar com uma quantidade surpreendente de obras sobre ele, não de caráter devocional, mas político. São Paulo merece hoje em dia muita atenção intelectual de gente envolvida com teoria crítica, desconstrução, pós-modernismo, estudos pós-coloniais e semelhantes. A maneira como estudantes de "teoria" se tornaram estudiosos amadores da Bíblia não deixa de ser uma história instrutiva. Tem a ver com as decepções com o marxismo na década de 1960, a guinada para a desconstrução e a política identitária na década de 1970 e o flerte com as ideias messiânicas de Walter Benjamin na de 1980. Mas é o persistente encantamento com o jurista nazista Carl Schmitt e seu conceito de "teologia política" que explica a voga em torno de Paulo na esquerda acadêmica europeia e americana.*

---

* Ver o meu livro *A mente imprudente*, capítulo 2.

O primeiro a apresentar Paulo como um recurso para a esquerda foi Jacob Taubes, um judeu admirador de Schmitt, que morreu em 1987. Uma geração mais jovem que Leo Strauss e Eric Voegelin, Taubes nasceu na Suíça em 1923, numa ilustre família de rabinos, sendo ele mesmo ordenado na década de 1940. Depois da guerra, e depois de publicar seu único livro, um estudo da escatologia ocidental, tornou-se professor itinerante e provocador político constantemente oscilando entre Nova York, Berlim, Jerusalém e Paris. Quem quer que o conhecesse acabava tendo alguma história para contar. Em Nova York, ficamos sabendo que no fim da década de 1940 ele ensinava o Talmude a futuros neoconservadores; em Jerusalém, envolveu-se com monges cristãos heterodoxos; e em Berlim vamos encontrar uma foto na qual discursa para manifestantes radicais na década de 1960, tendo Rudi Dutschke e Herbert Marcuse sentados ao lado em atitude de admiração. Os anos de Berlim é que fizeram a reputação de Taubes. Ele era tudo que os jovens alemães podiam desejar num sábio: um velho judeu de esquerda abençoando sua revolução, não com as rançosas fórmulas do marxismo ortodoxo, mas com a linguagem bíblica da redenção. Taubes acabou se desencantando com os radicais, mas legou-lhes uma maneira de enxergar a política pelas lentes criptorreligiosas de Benjamin e Schmitt. Meses antes de morrer, fez em Heidelberg uma série de palestras informais sobre São Paulo e Schmitt, destinadas a ser uma espécie de testamento intelectual. Quando as transcrições foram publicadas na Alemanha, tiveram ampla acolhida no público, e hoje existem traduções em várias línguas europeias, inclusive inglês, com o título de *The Political Theology of Paul* [A teologia política de Paulo].

Taubes sustentava duas grandes teses sobre São Paulo. A primeira é que, longe de ter traído os judeus, ele era nitidamente um fanático judeu enviado para universalizar a esperança bíblica da redenção, levando esta ideia revolucionária ao mundo em geral. Depois de Moisés, não houve melhor judeu que Paulo. "Eu o considero", afirma Taubes sarcasticamente, "mais judeu que qualquer rabino reformador, ou qualquer rabino liberal, que eu tenha conhecido na Alemanha, na Inglaterra, nos Estados Unidos, na Suíça ou em qualquer outro lugar". Os judeus tradicionais ficaram perplexos quando Taubes se declarou um judeu paulino; ele respondia que, enquanto Jeremias era um profeta dos e para os judeus, Paulo mostrou que é possível ser "um apóstolo *dos judeus* para as nações" — que é também como o nada modesto Taubes se via.

A segunda tese era a que realmente importava: que "para Paulo, a missão consiste *no estabelecimento e na legitimação de um novo povo de Deus*". Este é um exemplo do que Schmitt chamava de "teologia política", expressão à qual conferia um significado especial. Para ele, a teologia política diz respeito à maneira como as estruturas legais e políticas adquirem ou perdem legitimidade, processo que dependeria de uma decisão arbitrária tomada por um "soberano", fosse humano ou divino, e que se revelava sempre que essas ordens entravam em colapso num "estado de exceção" (por exemplo, com a suspensão de uma constituição numa emergência). De acordo com Schmitt, toda sociedade repousa implicitamente numa espécie de revelação política vinda do alto que não reflete nenhum princípio universal nem reconhece qualquer limite natural, apenas uma vontade e uma capacidade de fazer com que algo seja. De um ponto de vista teológico, Deus criou uma comunidade a Ele devotada ao dar a Moisés os Dez Mandamentos; de um ângulo político, Moisés invocava Deus para legitimar seu próprio ato de criação de um Estado. Para Taubes, como para Schmitt, toda política séria tem esse misterioso caráter duplo.

A leitura da Carta de Paulo aos Romanos feita por Taubes oferece um bom exemplo desse tipo de pensamento teológico-político. Taubes visa diretamente o antinomianismo de Paulo — suas incansáveis investidas contra a lei judaica e romana, como inimigos a serem vencidos para que a promessa messiânica da Bíblia alcançasse toda a humanidade. A afirmação de Paulo de que "não estais debaixo da Lei, mas sob a graça" (Romanos 6:14) anuncia um duplo golpe de Estado contra Moisés e César, uma decisão soberana estabelecendo uma nova ordem mundial. Jesus praticamente nada tinha a ver com essa leitura do primeiro cristianismo; fora apenas um mártir nos primeiros anos da insurreição. O verdadeiro revolucionário foi Paulo,

que imaginou uma ordem utópica e a concretizou por decreto teológico-
-político. "Em comparação a isto", declarava Taubes, "todos os pequenos
revolucionários não são *nada*".

Com a publicação em 1993 das conferências de Taubes, tinha início o momento paulino da esquerda europeia. Livros e artigos sobre Paulo começaram a se multiplicar desde então, alguns interessantes, a maioria terrível. E o mais surpreendente certamente foi o de Alain Badiou. Aluno do teórico marxista Louis Althusser no início da década de 1960, maoista radical e defensor do Khmer Vermelho na década seguinte, Badiou, hoje com quase 80 anos, ainda escreve com simpatia sobre a Revolução Cultural chinesa. Foi, portanto, um choque na França quando Badiou publicou em 1997 *São Paulo: a fundação do universalismo*, exortando a esquerda a redescobrir o universalismo radical de São Paulo e aplicá-lo à política revolucionária. Ele se tornara um fanático paulino.

"Para mim", disse Badiou certa vez ao jornal *Le Monde*, "Maio de 68 foi uma queda no caminho de Damasco". Caberia duvidar de que ele tenha desde então recuperado a visão. É realmente uma experiência e tanto percorrer seus escritos políticos, em sua maioria hoje traduzidos para o inglês. Não é todo dia que encontramos uma defesa do culto da personalidade de Mao, e ainda por cima em termos quase teológicos. Num de seus ensaios, Badiou refere-se a Mao como um "gênio estético", acrescentando que "há momentos em que, para as massas revolucionárias, ele não é tanto a garantia do partido que realmente existe, mas a encarnação, por si mesmo, de um partido proletário ainda por vir". Em outro, ele adota uma perspectiva de sangue-
-frio a respeito das vítimas de movimentos revolucionários no século XX:

> E que dizer da violência, não raro tão extrema? Das centenas de milhares [*sic*] de mortos? Das perseguições, especialmente contra intelectuais? O mesmo que se diz daqueles atos de violência que até hoje marcaram a História de toda tentativa, de algum modo expansiva, de praticar uma política livre. [...] O tema da emancipação total, praticada

no presente, no entusiasmo do presente absoluto, está sempre além do Bem e do Mal. [...] A extrema violência está, portanto, associada ao extremo entusiasmo, pois se trata na verdade de uma questão de transvalorização de todos os valores. [...] A moral é um resíduo do velho mundo.

Depois que muitos milhares de vítimas do vietcongue escaparam em balsas para o mar do Sul da China em meados da década de 1970 e que milhões (e não centenas de milhares) foram trucidados no Camboja, o romance francês com a revolução pareceu chegar ao fim. Nas duas décadas seguintes, os últimos maoístas sobreviventes, como Badiou, viviam em exílio interno, enquanto o debate político girava em torno dos direitos humanos, do multiculturalismo e do neoliberalismo. No novo século, contudo, com o retorno de um esquerdismo mais radical, Badiou também ressurgiu. Hoje ele tem um público quando denuncia "o parlamentarismo-capitalista, cuja sordidez é cada vez mais mal dissimulada por trás da bela palavra 'democracia'", ou quando zomba de um multiculturalismo de fundo racial por causar a "pétainização" do Estado francês. Ele conferiu certo prestígio ao conceito de "neocomunismo".

O que explica, em Badiou, essa virada de Mao para Paulo? Encontramos algumas pistas em sua obra filosófica mais substancial, *O ser e o evento*, publicada em 1988. Seu tema é a ontologia (a teoria do ser), mas o livro também é uma meditação séria, ainda que abstrata, sobre a ideia de revolução. Embora não exista Deus na ontologia de Badiou, existem milagres, aos quais se refere como "eventos". Os eventos irrompem de maneira imprevisível na história humana, estabelecendo novas verdades que reorganizam o mundo e a nós mesmos. Algo parecido com as "decisões" soberanas de Schmitt, só que Badiou é mais populista, enxergando uma tradição de eventos revolucionários que emanam de baixo, gerando uma cadeia ao longo do tempo. Cada novo evento anuncia uma nova verdade, mas também completa e justifica anteriores eventos da cadeia. Um dos enigmáticos *Pensamentos* de Pascal afirma que as profecias do Velho Testamento na verdade eram falsas, até que a revelação cristã as tornou verdadeiras. Num capítulo sobre Pascal, Badiou faz uma afirmação semelhante sobre a história das revoluções políticas, dizendo que 1968 revelou e cumpriu a promessa de 1917, que por sua vez justificava 1848 e 1789, e assim por diante. A revolução nunca acaba, motivo pelo qual devemos guardar "fidelidade" à cadeia de "eventos" revolucionários, mesmo nos períodos mais sombrios. Mas esse tipo de fidelidade é difícil, pois vai de encontro às evidências ante nossos olhos. O que por sua vez explica por que a fidelidade à causa da revolução é "sempre da alçada de uma vanguarda" que entende que "o que está em jogo aqui é o aparato militante da verdade".

Como Jacob Taubes, Badiou quer encontrar um lugar para São Paulo no panteão revolucionário, chamando-o de "poeta-pensador do evento" — como o herói de 1917:

> Assistimos atualmente a uma busca generalizada de uma nova figura militante [...] chamada a suceder a que foi instaurada por Lenin e os bolcheviques no início do século. [...] Donde essa reativação de Paulo. Não sou o primeiro a arriscar a comparação que faz dele um Lenin para o qual Cristo terá sido o duvidoso Marx.

Para um maoista-leninista, Badiou mostra-se notavelmente aberto a respeito do cristianismo, desde que seja encarado como um movimento revolucionário que perturbou "o anterior regime de discursos". Contra a pedante exigência de razão e provas dos filósofos gregos, Jesus operou milagres e fez profecias; contra a lei romana e judaica, proclamou um evangelho universal de justiça e redenção baseado na fé interior. Para Badiou, Jesus certamente não foi o Messias, embora o mito de sua encarnação, crucificação e especialmente da sua ressurreição nos lembre que a salvação depende de "uma erupção fora da lei".

Desse modo, como Taubes, Badiou encontra o verdadeiro "evento" cristão na Carta de Paulo aos Romanos, e não na vida e nos ensinamentos de Jesus. A revelação no Sinai também foi um evento revolucionário na história. Entretanto, como uma longa e desmoralizada linhagem de teólogos cristãos, Badiou sustenta que o legalismo e a particularidade étnica judaicos se tornaram agressivamente contrarrevolucionários depois da morte de Cristo. A verdadeira "fidelidade" ao "evento" judaico exige a aceitação do novo e mais universal evento cristão. Aqui, a leitura de São Paulo em Badiou e Taubes é divergente, para dizer o mínimo. Para Taubes, Paulo universalizou a promessa messiânica inicialmente oferecida aos hebreus, não a aboliu. Graças a ele, somos todos filhos do Sinai. Para Badiou, o universalismo militante de Paulo nos dá um antegosto do que Kant, numa frase lamentável, chamou certa vez de "eutanásia do judaísmo". Como Kant, o apóstolo sabia que "é imperativo que a universalidade não se apresente sob o aspecto de uma particularidade", de modo que tratou de "arrancar a Boa-Nova (os Evangelhos) da rígida delimitação em que sua restrição à comunidade judaica haveria de encerrá-la".

Quando Alain Badiou critica a "particularidade" no contexto da Carta aos romanos, podemos presumir que está atacando as barreiras tradicionais ao seu ideal revolucionário — o individualismo burguês, a propriedade privada, o apego étnico. E de fato está. Mas em seus ensaios jornalísticos começamos a ver que os judeus desempenham um papel maior e muito mais sombrio em sua imaginação política. Em 2005, Badiou publicou uma coletânea de ensaios intitulada *Circonstances 3: Portées du mot "Juif"* — "Empregos da palavra 'judeu'" —, que imediatamente desencadeou acirradas polêmicas. Nela, ele lamenta que a palavra "judeu" se tenha tornado um "significante sagrado [...] colocado em posição paradigmática em relação ao campo de valores", acrescentando: "O fato de os nazistas e seus cúmplices terem exterminado milhões de pessoas a que se referiam como 'judeus' não confere, a meu ver, nenhuma nova legitimidade ao predicado de identidade em questão."

O alvo mais próximo desse ataque é o Israel contemporâneo, acusado de explorar o Holocausto para justificar o tratamento que impõe aos palestinos e exigir reparações dos governos e indivíduos ocidentais. *Circonstances 3* contém um extravagante ensaio sobre o tema escrito por uma eventual colaboradora de Badiou, Cécile Winter, intitulado "O significante-mestre dos novos arianos". Winter nos informa indignada que "hoje, dando perfeita continuidade à invenção de Hitler, a palavra 'judeu' tornou-se um significante transcendental, inversão pela qual os poderosos do dia auferem lucros, palavra brandida para reduzir ao silêncio, sob pena de excomunhão". Badiou concorda, acrescentando: "Proponho que ninguém mais aceite, seja em caráter público ou privado, esse tipo de chantagem política." No debate suscitado por esse volume na França, Badiou alegou que estava preocupado com os interesses dos judeus ao criticar Israel, uma vez que "a principal ameaça ao nome dos judeus provém de um Estado que se diz judeu". Na verdade, ele considera que Israel talvez ainda tenha uma missão universal na história mundial, que consistiria em dissolver-se numa "Palestina secular e democrática" onde não houvesse "nem árabe nem judeu", e assim tornar-se "o menos racial, o menos religioso e o menos nacionalista dos Estados". (Aparentemente este é o único lugar no mundo onde Badiou pensa que a democracia parlamentar seria aceitável.) Mas ele reconhece que para isto seria necessário o surgimento de um "Mandela regional" no mundo árabe e que o resto do mundo "esquecesse o Holocausto". Em outras palavras, um milagre.

Sentimentos como este em relação a Israel são cada vez mais comuns na Europa, mas para Badiou o verdadeiro problema é a particularidade judaica como tal. Eis como ele apresenta a questão num trecho especialmente repulsivo:

> Qual o desejo da insignificante facção que se apresenta como autoproclamada proprietária da palavra "judeu" e seus empregos? O que espera ela alcançar quando, escorada no tripé Shoah, Estado de Israel e Tradição Talmúdica, estigmatiza e expõe ao desprezo público todo aquele que sustente que é, com todo o rigor, perfeitamente possível atribuir a essa palavra um sentido universalista e igualitário?

Tradução: uma facção insignificante coloca-se no caminho da revolução universal, insistindo em seus próprios direitos e identidade, dando um mau exemplo e servindo às forças da reação. Para que a verdade universal possa brilhar, algo deve ser feito a respeito dos judeus.

Como outras formas de utilização de bodes expiatórios, o antissemitismo se nutre do pessimismo histórico. Um certo tipo de esquerda europeia, que conta com simpatizantes nas universidades americanas, nunca superou o colapso das expectativas políticas revolucionárias despertadas nas décadas de 1960 e 1970. Os movimentos anticoloniais transformaram-se em ditaduras de partido único, o modelo soviético desapareceu, os estudantes desistiram da política para enveredar por carreiras nos negócios, os sistemas partidários das democracias ocidentais permanecem intactos, as economias geraram riqueza (desigualmente distribuída) e o mundo inteiro está hipnotizado pela conectividade. Houve uma revolução cultural bem-sucedida — feminismo, direitos dos homossexuais, declínio da autoridade parental — que até começou a se disseminar fora do Ocidente. Mas não houve nenhuma revolução política nem há qualquer perspectiva de que venha a ocorrer agora. Que objetivo teria ela? Quem poderia conduzi-la? Que aconteceria depois? Ninguém tem respostas para essas perguntas e praticamente ninguém mais pensa em fazê-las. O que se encontra hoje na esquerda (quase exclusivamente acadêmica) é apenas uma forma paradoxal de nostalgia histórica, uma nostalgia do "futuro".

Donde a busca algo desesperada de recursos intelectuais para nutri-la. Houve primeiro a adoção do "jurista coroado" de Hitler, Carl Schmitt, que não se poderia parecer mais com *un mariage contre nature*. Sua ideia de uma "decisão soberana" oculta foi tomada de empréstimo para sustentar que as ideias liberais — inclusive ideias de neutralidade e tolerância — são construções arbitrárias que proporcionam uma estrutura às forças de dominação, com a ajuda de instituições como as escolas e a imprensa. A crítica da ideologia empreendida por Marx chegou à mesma conclusão no século XIX. Mas tinha uma fraqueza fatal: dependia de uma teoria materialista da história que podia ser desmentida pelo que acontece ou deixa de acontecer no mundo. Depois de perder a confiança nessa teoria, a esquerda buscou apoio em algo que Marx teria denominado (e justificadamente descartado como) idealismo: uma descrição da dominação política que dependia do que *não* era evidente a olho nu. A teoria desenvolvida por Michel Foucault de um "poder" que, como o éter, é invisível mas onipresente foi um primeiro passo nessa direção. A reabilitação de Schmitt foi o seguinte: sua deslavada defesa da distinção amigo–inimigo como essência do "político" ajudou a resgatar a convicção de que a política é luta, e não deliberação, consulta e acordo. Acrescente-se a esses conceitos uma escatologia de São Paulo entendida pela metade, e a fé numa milagrosa revolução redentora quase parece possível de novo. Não uma revolução saída das forças da história, ou do trabalho duro de argumentação e organização. Mas uma revolução que chega quando menos se espera, como um ladrão à noite.

Cabe duvidar de que os novos entusiastas pós-modernos de São Paulo fossem capazes de reconhecer essa alusão à Primeira Carta aos Tessalonicenses. Os estudos bíblicos são árduos e requerem dedicação, e os novos paulinos querem coisas fáceis e excitantes. Enquanto se está numa poltrona, é inegável o *frisson* de ler uma defesa inteligente de Lenin ou Mao ou Pol Pot, e a satisfação de descobrir motivos sofisticados para apontar os judeus. É possível até sentir-se ativo de novo participando de um abaixo-assinado online pelo boicote de acadêmicos israelenses e suas instituições. Mas se trata de experiências literárias, e não políticas. Provocam um tipo muito antigo de romantismo político que anseia por levar a vida em termos mais dramáticos que os oferecidos pela sociedade burguesa, por romper as amarras e sentir o pulso quente da paixão, por desrespeitar leis e convenções mesquinhas que esmagam o espírito humano e pagam o aluguel. Conhecemos esse anseio e sabemos como moldou a consciência e a política modernas, não raro a um custo alto. Mas seu santo padroeiro não é Paulo de Tarso. É Emma Bovary.

Eventos

Paris, janeiro de 2015

*Ninguém pode ter raiva do seu próprio
tempo sem sofrer algum dano.*

— Robert Musil

Na manhã de 7 de janeiro de 2015, dois terroristas muçulmanos franceses, Saïd e Chérif Kouachi, invadiram a redação do semanário satírico *Charlie Hebdo* e assassinaram doze pessoas. Antes de fugir, gritaram que estavam vingando o profeta Maomé por charges insultuosas que o jornal tinha publicado ao longo dos anos. Na manhã seguinte, uma jovem policial foi abatida a tiros por um cúmplice dos dois terroristas, o muçulmano radicalizado Amedy Coulibaly, perto de uma escola judaica nos subúrbios da cidade. No dia 9 de janeiro, fortemente armado, ele entrou num supermercado kosher de Paris e matou quatro pessoas, em seguida fazendo reféns os demais presentes. Mais adiante nessa mesma tarde, a polícia invadiu simultaneamente o supermercado e o esconderijo dos Kouachi a nordeste de Paris, matando os três terroristas. No domingo, 11 de janeiro, realizaram-se em toda a França manifestações de homenagem às vítimas, com mais de um milhão e meio de pessoas marchando em Paris ao lado de 44 dirigentes mundiais.

As matanças causaram mais horror que surpresa. O islamismo político estivera no centro das atenções na França havia pelo menos dois anos. Em 2012, um terrorista assassinou três soldados muçulmanos franceses no sudoeste do país e, em seguida, um professor e três alunos de uma escola judaica. Ao longo de 2014, chegaram ao conhecimento público histórias sobre jovens de toda a França viajando para participar do jihad na Síria: muito mais de mil até o fim do ano, em grande parte recém-convertidos, e incluindo um surpreendente número de moças. No outono, surgiram vídeos de jihadistas franceses participando de execuções efetuadas pelo Estado Islâmico do Iraque e da Síria (ISIS), e em outubro veio a público outro vídeo com a decapitação de um guia de montanha francês na Argélia. E então, duas semanas antes dos atentados de janeiro, houve três casos de homens muçulmanos instáveis tentando matar pessoas aos gritos de *allahu akbar*, um deles atacando três policiais com um facão, os outros, jogando veículos motorizados contra mercados ao ar livre apinhados de gente na época do Natal em cidades do interior. Em vista de tudo isso, depois dos acontecimentos de janeiro, não era difícil convencer-se de que "não faltaram avisos" e alguém devia ser culpado por ignorá-los.

A polêmica que se seguiu tampouco foi uma total surpresa. Desde que três meninas de fé muçulmana tinham sido suspensas numa escola francesa em 1989 por se recusarem a tirar o véu da cabeça, uma guerra cultural em torno do lugar do islã na sociedade francesa fervia em fogo brando. Não se passavam muitos anos sem que algum incidente isolado — comida halal servida numa escola, badernas num conjunto habitacional, ataques a uma mesquita ou sinagoga, a vitória da Frente Nacional de direita em alguma eleição local — acirrasse o conflito. Os massacres de Paris tiveram o mesmo efeito, de forma ampliada. O intenso debate público que se seguiu já era conhecido. Jornalistas e políticos de esquerda apressaram-se a afirmar que os atentados "nada tinham a ver com o islã", advertindo contra a tendência a culpar as vítimas pelo fracasso das políticas econômicas e sociais do país. Críticos de direita os acusaram de ignorar o perigo do islamismo político, da imigração e do multiculturalismo.

Até que novas vozes se fizeram ouvir. Provinham da direita mas falavam em ressonante tom profético do curso da história mundial, e não apenas do passado recente. Para entender a atual crise, diziam, era preciso voltar muito atrás — às duas guerras mundiais, à ascensão e queda da Terceira República, a Napoleão, à Revolução Francesa, e mesmo ao Iluminismo e à Idade Média. Focar a atenção nesta ou naquela política governamental, nesta ou naquela reforma é permanecer cego ao alcance da calamidade. Não controlamos mais o nosso destino: eis a verdade. A situação em que nos encontramos é o resultado previsível de desastrosos erros políticos e culturais que há muito puseram a França, e talvez toda a civilização ocidental, no rumo de uma catástrofe. E agora chegou a hora do ajuste de contas.

Argumentos dessa ordem não são ouvidos na França há algum tempo. Houve a certa altura uma importante tradição intelectual de desespero cultural que remontava à Revolução Francesa, e da qual faziam parte alguns dos mais importantes escritores da França, de Joseph de Maistre e Chateaubriand no século XIX a Maurice Barrès e Céline no século XX. Mas, depois da Segunda Guerra Mundial, essa corrente de pensamento, hoje associada ao fascismo e à Shoah, caiu em desgraça. Ainda era admissível que um escritor francês fosse um conservador, mas não um reacionário, nem muito menos um reacionário com uma teoria da história que condenasse o que todo mundo considerava como progresso moderno. Hoje é admissível. No último quarto de século, a sociedade francesa passou por mudanças que não agradam a ninguém, mas nem os intelectuais de esquerda nem os políticos de centro parecem capazes de enfrentá-las satisfatoriamente. Os novos reacionários perceberam a oportunidade e agora encontram um público que sente bater o coração de gratidão ao ler seus livros, além da sensação de se libertar da impressão de não ser compreendido. Foi para dois desses escritores em particular que dezenas de milhares de leitores franceses se voltaram para tentar entender os dramáticos acontecimentos de janeiro de 2015.

Um deles foi o jornalista Éric Zemmour. Meses antes dos atentados de Paris, Zemmour publicou um livro, *Le suicide français* [O suicídio francês], apresentando uma grandiloquente e apocalíptica visão do declínio da França, com os muçulmanos franceses desempenhando um papel central.*

---

* *Le suicide français* (Paris: Albin Michel, 2014).

Ele se tornou o segundo livro mais vendido de 2014, e o mais discutido. Os comentários incendiários de Zemmour sobre o islã renderam-lhe ameaças de morte, e imediatamente depois dos atentados o governo francês o colocou sob proteção policial. A outra personalidade, de maior relevância, era Michel Houellebecq, que pode ser considerado o mais importante escritor francês contemporâneo. Seu mais recente romance — que por estranha coincidência foi publicado na manhã do atentado contra *Charlie Hebdo* — gira em torno de um partido político islâmico que chega ao poder na França num futuro próximo e contém especulações sobre como o declínio do Ocidente desde a Idade Média teria preparado caminho para esse grave acontecimento. Houellebecq deu-lhe o contundente e chocante título de *Submissão*.* Embora o livro tenha chegado às livrarias horas antes do massacre, o então primeiro-ministro Manuel Valls, socialista, em sua primeira entrevista depois dos atentados, sentiu-se na obrigação de criticar o autor, dizendo que "a França não é Michel Houellebecq. Ela não é intolerância, ódio e medo". Mas Houellebecq é que se tornou objeto de ódio e, como Zemmour, teve de receber proteção policial 24 horas por dia.

Por coincidência, eu vivia em Paris e trabalhava neste livro quando ocorreram os atentados terroristas. Nas semanas subsequentes, publiquei na *New York Review of Books* vários artigos sobre os acontecimentos, entre os quais um sobre Zemmour e outro sobre Houellebecq. Posteriormente, fiquei impressionado com as afinidades entre esses dois escritores contemporâneos e as figuras de que tratei aqui em capítulos anteriores. Decidi incluir esses textos aqui em algo próximo de sua forma original para transmitir um pouco da intensidade daquele momento, e também como lembrete de que a capacidade dos mitos históricos de motivar a ação política não diminuiu em nossa época.

---

* *Soumission* (Paris: Flammarion, 2015); traduzido para o inglês por Lorin Stein, *Submission* (Farrar, Straus and Giroux, 2015). [Edição brasileira: *Submissão*. Rio de Janeiro: Objetiva, 2015. (*N. do E.*)]

Suicídio

Éric Zemmour é menos um jornalista ou pensador que um médium através do qual as paixões políticas do momento passam e tomam forma. Filho de judeus norte-africanos, iniciou sua carreira escrevendo editoriais para o diário conservador *Le Figaro* e em seguida começou a aparecer na televisão e no rádio, fazendo comentários inteligentes e imprevisíveis sobre as questões do momento. Embora evidentemente de direita, ele parecia uma voz nova e afável, um *épateur* de tipo voltairiano num novo estilo *cool*, à McLuhan. Em 2014, esse Zemmour já não existia mais. Tornara-se um Jeremias onipresente que mandava o tempo todo a mesma mensagem, dia após dia, por todos os meios de comunicação disponíveis: *França, desperte! Você foi traída e o seu país foi roubado de você.* Mas ele não é um populista truculento do tipo que a Frente Nacional costuma atrair. É um sujeito educado, cultivado, elegante, de fala mansa, um guerreiro feliz que nunca levanta a voz, mesmo quando traz más notícias. E em *Le suicide français,* más notícias não faltam.

É um livro do gênero rolo compressor. São 79 capítulos breves, cada um dedicado a uma data que supostamente marcaria uma etapa do declínio da França. Zemmour não os transforma numa narrativa contínua nem sequer tenta explicar que ligação eles poderiam ter. Supõe-se que essas ligações sejam sentidas; ele é um mestre do afeto. Um percurso por tantas estações da via-crúcis francesa pode parecer insuportável, mas sua habilidade de escritor e sua astúcia de polemista fazem com que o livro funcione.

A lista de catástrofes e especialmente traições é longa: controle da natalidade, abandono do padrão-ouro, códigos de expressão politicamente correta em organizações, universidades ou empresas, o Mercado Comum, divórcios sem culpa, pós-estruturalismo, desnacionalização de indústrias importantes, aborto, o euro, o comunitarismo muçulmano e judeu, estudos de gênero, ceder ao poder americano na Otan, ceder ao poder alemão na União Europeia, ceder ao poder muçulmano nas escolas, proibir o cigarro em restaurantes, abolir a conscrição, antirracismo agressivo, leis de defesa dos imigrantes ilegais e introdução de comida halal nas escolas. A lista de traidores é mais curta mas não menos variada: feministas, jornalistas e professores de esquerda, empresários neoliberais, militantes antineoliberais, políticos covardes, o sistema educacional, burocratas europeus e até treinadores de times profissionais de futebol que não exercem autoridade sobre os jogadores.

Certos capítulos são, como dizem os franceses, *hallucinants* — insanos. Os que tratam de Vichy, nos quais ele afirma que o governo colaboracionista na verdade estava tentando salvar os judeus franceses, fazem-no parecer meramente excêntrico. Mas nos outros ele apresenta argumentos suficientemente justificáveis para que um leitor com ideias afins prontamente se disponha a acompanhá-lo em território mais duvidoso. Ele não é o tipo de demagogo que prega uma tabuleta na porta com suas teses e declara: "Eis o que eu penso, não dá para ser de outra maneira." Mostra-se mais flexível, constantemente renovando posições e argumentos, como uma página da web, sempre com novos fatos e fantasias. Isso cria uma armadilha para os críticos, que de bom grado pularam dentro. Não satisfeitos em denunciar seus exageros e invenções, eles cedem ao instinto — muito enraizado na esquerda francesa desde a época da Frente Popular — de denunciar qualquer coisa dita por alguém da direita, para não dar trégua ao inimigo. O raciocínio deles é o seguinte: se são quatro horas, e Éric Zemmour diz que são quatro horas, é nosso dever dizer que são três horas. O que lhe permite duas vezes por dia virar-se para seus simpatizantes e dizer: "Eu não disse?"

Os pontos de vista de Zemmour são simplesmente ecléticos demais para serem etiquetados e descartados *tout court*. E podem ser surpreendentes. Como qualquer um na direita francesa, ele se declara um patriota saudoso dos tempos de grandeza nacional, e sua prosa se inflama sempre que ele cita discursos de De Gaulle ou rememora os triunfos de Napoleão. Mas entre os mais bem colocados em sua lista de traidores nacionais está a classe empresarial. Ele investe contra diretores de empresas que terceirizaram empregos no exterior ou montaram hipermercados em zonas suburbanas, matando o comércio nas cidades pequenas e aldeias, cujas ruas ficam então vazias, ocupadas apenas por delinquentes juvenis. Acusa banqueiros e financistas de trair os trabalhadores e a nação ao pressionar pela plena integração europeia e abandonar o franco francês. Insiste muito no fato de, como comentaram outros observadores, as imagens das cédulas e moedas do euro não conterem quaisquer referências históricas ou geográficas. Aparecem apenas pontes ligando o nada a lugar nenhum e outros elementos arquitetônicos flutuando no vazio — boas metáforas para o que aconteceu com o Estado-nação na Europa. A Revolução, que permitiu à França determinar seu próprio destino coletivo, foi por fim anulada por Bruxelas. "A Europa aristocrática do passado e a oligarquia tecnocrática de hoje finalmente se vingaram dos incorrigíveis franceses."

Argumentos dessa natureza também podem ser encontrados nos panfletos antiglobalização de esquerda que enchem as bancadas das livrarias francesas hoje em dia. Mas Zemmour os mistura com argumentos mais nativistas de direita, como, por exemplo, seus ataques à geração da década de 1960 por promover o feminismo radical e a imigração, questões que ele considera interligadas. Desde a derrota na Guerra Franco-Prussiana, atribuída a fraquezas culturais e físicas, os franceses são obcecados com seus índices de natalidade. Hoje eles são relativamente altos pelos padrões europeus, mas aparentemente — o governo recusa-se a fazer estatísticas com base em dados étnicos — se escoram em índices mais elevados nas famílias de imigrantes do norte e do centro da África. Isso se transformou numa grande obsessão da direita radical, cuja literatura está cheia de previsões de um iminente *grand remplacement* que aos poucos e silenciosamente transformará a França num país muçulmano, devido à inércia demográfica. Zemmour nunca menciona essa teoria, mas evidentemente é simpático a ela. Graças ao feminismo, insinua, o útero das mulheres brancas definhou. E, graças ao multiculturalismo, a inundação de imigrantes férteis pode continuar livremente. Mais um motivo pelo qual os muçulmanos franceses deveriam ser considerados, como passou a dizer, "*un peuple dans le peuple*" — tema clássico do antissemitismo europeu por ele adaptado para fazer face ao perigo atual.

A expressão francesa correspondente a multiculturalismo é *antiracisme*, confundindo-se sua história com o desenvolvimento — e o declínio — da esquerda. Antigos militantes de 68 como Pascal Bruckner e Alain Finkielkraut há muito sustentam que os ativistas de esquerda cometeram um erro desastroso na década de 1970 ao abandonar a classe operária tradicional e voltar-se para uma política identitária. Relegados, os operários voltaram-se para a Frente Nacional e adotaram sua xenofobia; em reação, a esquerda formou organizações de defesa dos imigrantes, rechaçando quaisquer críticas de sua cultura eminentemente muçulmana. A imagem clássica de uma França que poderia e deveria transformar camponeses e imigrantes em cidadãos com direitos iguais foi substituída pela imagem de uma nação racista que, depois de reprimir seus súditos coloniais no exterior, confinou-os numa subclasse em casa. No momento, prossegue a tese, esse antirracismo é o dogma central da política dominante, tendo sufocado a vontade de integrar à sociedade francesa os muçulmanos originalmente imigrados, com resultados desastrosos — sobretudo na juventude muçulmana.

Mas Zemmour não está nem aí para seus concidadãos muçulmanos, como fica claro quanto mais avançamos em *Le suicide français*. O que sente por eles é desprezo — e quer que o mesmo sintam seus leitores. Uma coisa é dizer que a retórica antirracista de vitimização cegou os franceses para a real ameaça representada pelo islã fundamentalista que fermenta nas áreas urbanas pobres. Outra muito diferente é descartar liminarmente, como faz Zemmour, os enormes efeitos independentes da pobreza, da segregação e do desemprego para fazer com que os habitantes dessas áreas se sintam perdidos, marginalizados, revoltados e cheios de desprezo pelas crenças republicanas. A lista de políticas públicas que contribuem para essas condições — e que poderiam, se alteradas, contribuir para mitigá-las — é longa. E a França poderia mudá-las ao mesmo tempo policiando as ruas, mantendo a autoridade nas salas de aula e ensinando os valores republicanos de laicidade, democracia e dever público — o que supostamente seria aprovado por Zemmour. Mas para um demagogo como ele é importante convencer os leitores de que o estrago já é grande demais, os traidores, demasiado numerosos, e os muçulmanos, incorrigíveis demais para que um punhado de medidas públicas pudesse surtir algum efeito. Para acompanhar sua metáfora suicida, seria como prescrever um regime de exercícios para um paciente sobrevivendo com aparelhos. Na última página do livro, lemos que "a França está morrendo, a França morreu". Não há um capítulo final sobre o que deve ser feito para reanimá-la. Ele deixa esta tarefa à imaginação sem dúvida vívida dos leitores.

As ideologias bem-sucedidas seguem uma certa trajetória. Desenvolvem-se inicialmente em seitas limitadas cujos adeptos compartilham obsessões e princípios, considerando-se vozes no deserto. Para ter algum efeito político, contudo, esses grupos precisam aprender a trabalhar juntos. O que é difícil para pessoas obsessivas e que obedecem a princípios estritos, motivo pelo qual sempre vamos encontrar nas margens políticas pequenas facções lutando futilmente umas com as outras. Entretanto, para que uma ideologia realmente seja capaz de remodelar a política, precisa deixar de ser um conjunto de princípios para se tornar uma visão de mundo mais vaga e genérica que seja fortalecida por novas informações e acontecimentos. Sabemos realmente quando uma ideologia amadureceu quando todo acontecimento, presente ou passado, é encarado como sua confirmação. Com a ajuda de Éric Zemmour, a direita francesa avança hoje nessa trajetória. *Le suicide français* fornece aos leitores inimigos comuns; estabelece um calendário dos crimes por eles cometidos; confirma a suspeita de que deve haver alguma ligação entre esses crimes; e provoca neles um indignado sentimento de desesperança — o que, na política contemporânea, é algo muito mais poderoso que a esperança. Tudo isso num momento em que o país tenta entender coletivamente uma das grandes tragédias e desafios de sua história recente.

Sim, a publicação de *Le suicide français* ocorreu num excelente momento, pelo menos para seu autor. Para a França, nem tanto.

Submissão

Submissão, de Michel Houellebecq, teve um destino infeliz. O *succès de scandale* de Éric Zemmour no outono de 2014 determinou que o romance fosse submetido a intenso escrutínio. Assim como o fato de, em romances anteriores e em comentários públicos, Houellebecq ter feito observações altamente críticas sobre o islã, uma das quais gerou processo judicial. Mas o fato incrível, quase inimaginável, de o livro ter sido publicado no exato dia do massacre na redação de *Charlie Hebdo* faz com que, por enquanto, *Submissão* seja visto pelo prisma dos acontecimentos presentes. Levará algum tempo até que os franceses possam apreciar *Submissão* como o estranho e surpreendente objeto que realmente é.

Houellebecq criou um novo gênero — o romance distópico de conversão. *Submissão* não é a história que alguns esperavam de um golpe de Estado armado, e nele ninguém manifesta ódio nem mesmo desprezo pelos muçulmanos. Num certo nível, o romance trata simplesmente de um homem que, por meio do sofrimento e da indiferença, acaba se arrastando para Meca. Num outro nível, todavia, trata de uma civilização que, depois de séculos de um processo constante e quase imperceptível de solapamento de suas convicções internas, acaba fazendo a mesma coisa. A literatura do declínio civilizatório, na qual *Le suicide français*, de Zemmour, representa uma contribuição secundária, costuma ser arrogante e exaltada. Mas não no caso de *Submissão*. Aqui, sequer encontramos drama — não há choque de exércitos espirituais, nada de martírio nem conflagração final. As coisas simplesmente acontecem, como em toda a ficção de Houellebecq. No fim, ouvimos apenas um suspiro de alívio coletivo de dar calafrios nos ossos. O velho morreu; atenção, o novo chegou. Não importa.

François, o personagem principal de *Submissão*, é um professor de literatura de nível médio na Sorbonne, especializado na obra do romancista simbolista J. K. Huysmans. Como todos os protagonistas de Houellebecq, ele é o que os franceses chamam de *un pauvre type*, um coitado. Mora sozinho numa moderna torre de apartamentos, dá suas aulas, mas não tem amigos na universidade, e ao voltar para casa à noite come comida congelada e vê televisão e pornografia. Quase todo ano ele consegue começar um relacionamento com uma aluna, que acaba nas férias de verão quando ela rompe com uma lacônica carta que começa sempre assim: "Conheci uma pessoa." Ele não tem a menor ideia do que acontece em sua época. Não entende por que seus alunos querem tanto ficar ricos, ou por que os jornalistas e políticos são tão fúteis, nem por que todo mundo, como ele, é tão sozinho. Acredita que "só a literatura pode nos dar essa sensação de contato com outro espírito humano", mas ninguém mais se importa com isso. Sua namorada Myriam o ama verdadeiramente, mas ele não é capaz de corresponder, e quando ela o deixa, voltando para os pais, que emigraram para Israel porque não se sentem seguros na França, só o que ele consegue dizer é: "Não há Israel para mim." As prostitutas, mesmo quando o sexo é ótimo, servem apenas para aumentar ainda mais o buraco em que ele se encontra.

Estamos em 2022, às vésperas de uma eleição presidencial. Todos os interesses financeiros apostam numa vitória de Marine Le Pen, da Frente Nacional, no primeiro turno, obrigando os outros partidos a formarem uma coalizão para impedi-la de chegar ao poder. O curinga em tudo isso é um novo partido muçulmano moderado chamado Fraternidade Muçulmana, que a essa altura tem a preferência de cerca de um quinto do eleitorado, mais ou menos o mesmo que os socialistas. O fundador e presidente do partido, Mohammed Ben Abbes, é um homem cordial que se dá bem com líderes católicos e judeus que compartilham sua visão social conservadora e também com empresários que apreciam sua defesa do crescimento econômico. Chefes de Estado estrangeiros, a começar pelo papa, deram-lhe sua bênção. Considerando-se que os muçulmanos constituem no máximo seis a oito por cento da população francesa, custa crer que um partido dessa natureza venha a ter algum peso num prazo de dez anos. Mas a exploração mental de Houellebecq baseia-se num *insight*: como a extrema direita quer deportar os muçulmanos, os políticos conservadores os olham com desprezo e os socialistas, que abraçam sua causa, querem forçá-los a aceitar o casamento gay, nenhum partido representa claramente seus interesses.

Só aos poucos François se conscientiza do drama que transcorre ao seu redor. Ouve boatos sobre confrontos armados entre grupos de ativistas da direita radical (que de fato existem na França) e islamistas radicais, mas os jornais, preocupados em não afundar o barco multicultural, deixaram de noticiar essas coisas. Numa festa, ele ouve tiros a distância, mas os convivas fingem nada notar e encontram desculpas para ir embora, o que ele também faz. Como esperado, Le Pen vence o primeiro turno das eleições presidenciais, mas os socialistas e os conservadores não dispõem de votos suficientes para derrotá-la. Decidem então apoiar Ben Abbes no segundo turno, e a França elege por pequena margem seu primeiro presidente muçulmano.

Ben Abbes concede aos outros partidos a divisão dos ministérios, reservando à Fraternidade Muçulmana apenas a pasta da educação. Ao contrário dos parceiros de coalizão, ele continua achando que uma nação pode ser transformada pelo que acontece nas salas de aula.

À parte as escolas, muito pouco parece acontecer inicialmente. Mas ao longo dos meses seguintes François começa a notar pequenas coisas, a começar pela maneira de se vestir das mulheres. Embora o governo não tenha estabelecido nenhum código de indumentária, ele passa a ver menos saias e vestidos nas ruas, e mais calças largas e blusas encobrindo os contornos do corpo. O que parece é que as mulheres não muçulmanas espontaneamente adotaram o estilo para escapar do verdadeiro mercado sexual que Houellebecq descreve de maneira tão assustadora em seus outros romances. A criminalidade juvenil diminui, assim como o desemprego, quando as mulheres começam a deixar a força de trabalho, valendo-se de novas subvenções à família para cuidar dos filhos. François julga estar vendo surgir diante de seus olhos um novo modelo social, inspirado numa religião da qual pouco sabe e em cujo centro imagina estar a família poligâmica. Os homens têm esposas diferentes para sexo, procriação e afeto; as esposas passam por todas essas etapas à medida que envelhecem, mas não precisam se preocupar em ser abandonadas. Estão sempre cercadas dos filhos, que têm muitos irmãos e se sentem amados pelos pais, que nunca se divorciam. François, que vive sozinho e perdeu contato com os pais, fica impressionado. Sua fantasia (e talvez também de Houellebecq) não é realmente a fantasia colonial do harém erótico. Está mais próxima do que os psicólogos chamam de "romance familiar".

A universidade é uma outra história. Depois da chegada da Fraternidade Muçulmana ao poder, François, juntamente com todos os outros professores não islâmicos, é aposentado prematuramente com pensão integral. Satisfeitos com o dinheiro, indiferentes ou temerosos, os professores não protestam. Um crescente dourado é instalado no alto do portão da Sorbonne e imagens da Caaba passam a adornar as paredes dos gabinetes até então cinzentos da universidade, reformados com dinheiro dos xeques do Golfo. A Sorbonne, pensa François, voltou às suas origens medievais, à época de Abelardo e Heloísa. Seu novo presidente, que substituiu a professora de estudos de gênero que até então presidia a universidade, tenta chamá-lo de volta com uma função melhor pelo triplo do salário, se ele se dispuser a uma conversão *pro forma*. François mostra-se polido, mas não tem intenção de fazê-lo. Ele está pensando em outra coisa. Desde que Myriam se foi, mergulhou num desespero desconhecido até mesmo por ele. Após passar mais um Ano-Novo sozinho, começa a soluçar certa noite, aparentemente sem motivo, e não consegue parar. Em seguida, supostamente para uma pesquisa, decide passar um tempo na abadia beneditina do sul da França onde seu herói, Huysmans, passou os últimos anos de vida depois de abandonar a vida dissoluta que levava em Paris e converter-se ao catolicismo místico. Houellebecq declarou que originalmente o romance trataria da luta de um homem, vagamente inspirado em Huysmans, no sentido de abraçar o catolicismo depois de esgotar tudo que o mundo moderno tinha a oferecer. Seria intitulado *La conversion*, sem qualquer referência ao islã. Mas o catolicismo não funcionou para ele, e a experiência de François na abadia se assemelha à experiência do próprio Houellebecq como escritor, num registro cômico. Ele permanece lá apenas dois dias, por achar os sermões pueris, por causa do tabu em torno do sexo e porque não o deixam fumar.

Segue então para a cidade de Rocamadour, no sudoeste da França, a impressionante "cidadela da fé" aonde os peregrinos medievais se dirigiam para cultuar a estátua da Madona Negra diante da basílica. François fica fascinado com a estátua e retorna com frequência, sem saber muito bem a razão, até que:

> Eu senti minha individualidade dissolver-se. [...] Estava num estranho estado. Parecia que a Virgem se elevava de sua base e crescia no céu. O bebê Jesus parecia a ponto de se separar dela, e eu sentia que ele precisava apenas levantar o braço direito e os pagãos e idólatras seriam destruídos, sendo as chaves do mundo devolvidas a ele.

Mas ao terminar tudo ele atribui a experiência à hipoglicemia e retorna ao hotel, onde um *confit de canard* e uma boa noite de sono o esperam. No dia seguinte, não consegue repetir o acontecido. Após meia hora sentado ali, ele sente frio e retorna ao carro para voltar para casa. Ao chegar, encontra uma carta informando que sua mãe, de quem estava afastado, morreu sozinha, sendo enterrada como indigente.

É nesse estado que François encontra por acaso o presidente da universidade, Robert Rediger, finalmente aceitando o convite para conversar. Rediger é uma maravilhosa criação — parte Mefistófeles, parte Grande Inquisidor, parte vendedor de sapatos. Seus discursos são psicologicamente brilhantes e, no entanto, perfeitamente transparentes. O nome é um gracejo macabro: remete a Robert Redeker, professor de filosofia francês que em 2006 recebeu ameaças de morte depois de publicar em *Le Figaro* um artigo referindo-se ao islã como religião de ódio, violência e obscurantismo — e que desde então vive sob constante proteção policial. O presidente Rediger é o exato oposto: um bajulador que escreve livros sofísticos defendendo a doutrina islâmica e que subiu na carreira acadêmica por meio da lisonja e do tráfico de influência. No fim, é o seu cinismo que permite a François converter-se.

Para lançar a armadilha, Rediger começa com uma confissão. Acontece que ele começou, ainda estudante, na direita católica radical, embora passasse o tempo lendo Nietzsche, e não os pais da Igreja. A Europa humanista secular lhe repugnava. Na década de 1950, abrira mão das colônias por falta de força de vontade e, na de 1960, gerara uma cultura decadente segundo a qual cada um devia buscar a felicidade como indivíduo livre, em vez de cumprir seu dever, que consiste em ter uma família grande e piedosa. Incapaz de se reproduzir, a Europa abriu então os portões para a imigração em larga escala de países muçulmanos, árabes e negros, e agora as ruas das cidades do interior da França parecem mercados árabes ao ar livre. A integração de toda essa gente nunca foi realmente pretendida; o islã não se dissolve na água, muito menos em escolas republicanas ateias. Para que a Europa viesse um dia a recuperar seu lugar no mundo, pensava ele, teria de expulsar esses infiéis e retornar à autêntica fé católica.

Mas Rediger levava esse tipo de raciocínio um passo além do que costumam levar os xenófobos católicos. A certa altura, ele não podia ignorar o quanto a mensagem dos islamistas convergia com a sua. Eles também idealizavam uma vida de fé simples e cega, desprezando a cultura moderna e o Iluminismo de que provém. Acreditavam na hierarquia no interior da família, devendo a esposa e os filhos servir ao pai. Como ele, detestavam a diversidade — especialmente de opinião —, enxergando na homogeneidade e nos altos índices de natalidade sinais vitais de saúde civilizatória. E estremeciam ante o eros da violência. A única coisa que os diferenciava era que eles rezavam sobre tapetes, e ele, diante de um altar. Quanto mais refletia, contudo, mais Rediger tinha de reconhecer que, na verdade, as civilizações europeia e islâmica não eram mais comparáveis. Por todos os padrões realmente relevantes, a Europa pós-cristã estava morrendo, e o islã, florescendo. Se a Europa quisesse ter um futuro, teria de ser islâmico.

Rediger, então, passou-se para o lado vitorioso. E a vitória da Fraternidade Muçulmana mostrou que ele estava certo. Como um antigo especialista em islã dos serviços secretos também diz a François, Ben Abbes não é nenhum islamista radical que sonha com a restauração de um califado retrógrado nas areias do Levante. É um europeu moderno sem os seus defeitos, motivo pelo qual alcançou o sucesso. Sua ambição se equipara à do imperador Augusto: unificar novamente o grande continente e promover uma expansão em direção ao norte da África, criando uma formidável força cultural e econômica. Depois de Carlos Magno e Napoleão (e Hitler), Ben Abbes entraria para a história da Europa como seu primeiro conquistador pacífico. O Império Romano durou séculos, o cristão, um milênio e meio. Num futuro distante, os historiadores verão que a modernidade europeia não passou de um insignificante desvio de dois séculos em relação ao eterno fluxo e refluxo das civilizações assentadas na religiosidade.

Esta impressionante profecia spengleriana deixa François indiferente; suas preocupações são de ordem prosaica, como, por exemplo, saber se pode escolher suas esposas. Mas, ainda assim, algo o impede de se submeter. Quanto a Rediger, bebericando um requintado Meursault enquanto sua esposa de 15 anos (uma de três) em roupas estampadas com Hello Kitty traz guloseimas, ele parte para a briga. Tendo como pano de fundo uma música proibida, ele defende o Corão recorrendo — num brilhante toque houellebecquiano — ao romance sadomasoquista *História de O*, de Dominique Aury. A lição de *O*, diz ele a François, é exatamente a mesma do Livro Sagrado: "o ápice da felicidade humana é encontrado na submissão absoluta", dos filhos aos pais, das mulheres aos homens e dos homens a Deus. E, em troca, recebe-se a vida em todo o seu esplendor. Pois o islã, ao contrário do cristianismo, não encara os seres humanos como peregrinos num mundo estranho e decaído, não vê qualquer necessidade de escapar dele nem de refazê-lo. O Corão é um imenso poema místico de louvor a Deus, que criou o mundo perfeito no qual nos encontramos, e nos ensina como alcançar a felicidade nele mediante a obediência. Liberdade é apenas um outro nome da infelicidade.

E assim François decide converter-se, numa cerimônia que supõe breve e modesta na Grande Mesquita de Paris. E o faz sem alegria nem tristeza. Sente-se aliviado, exatamente como imagina que seu querido Huysmans se sentiu ao se converter ao catolicismo. As coisas mudariam. Ele teria suas esposas e não precisaria mais se preocupar com sexo ou amor; finalmente estaria protegido. Os filhos exigiriam adaptação, mas ele aprenderia a amá-los, e eles naturalmente amariam o pai. Parar de beber seria mais difícil, mas pelo menos ele poderia fumar e foder. Então, por que não? Sua vida está exaurida, como a Europa. Está na hora de uma nova vida — qualquer vida.

O pessimismo cultural é tão velho quanto a cultura humana e tem uma longa história na Europa. Hesíodo julgava viver na Era do Ferro; Catão, o Antigo, acusava a filosofia grega de corromper os jovens; Santo Agostinho denunciou a decadência pagã como responsável pela queda de Roma; os reformadores protestantes se consideravam vivendo no Grande Tormento; os realistas franceses culpavam Rousseau e Voltaire pela Revolução; e praticamente todo mundo culpava Nietzsche pelas duas guerras mundiais. *Submissão* é um romance clássico nessa tradição europeia e merece um pequeno lugar em qualquer categoria que inclua livros como *A montanha mágica*, de Thomas Mann, e *O homem sem qualidades*, de Robert Musil. E a comparação é esclarecedora. Os protagonistas das três obras testemunham o colapso de uma civilização à qual são indiferentes, e cuja degradação os deixa sem rumo. Aprisionados pela história, o Hans Castorp de Mann e o

Ulrich de Musil não têm como escapar, exceto pela transcendência. Depois de testemunhar debates sem solução sobre liberdade e submissão em seu sanatório suíço, Hans se apaixona por uma tuberculosa, Beatriz, e tem uma experiência mística ao se perder na neve. Ulrich é um observador cínico da esclerosada Viena dos Habsburgo, até que sua irmã, afastada, entra novamente em sua vida e ele começa a ter vislumbres de uma "condição outra", igualmente mística, para a humanidade. Houellebecq bloqueia essa rota de escape vertical para François, cujas experiências em Rocamadour parecem uma paródia das epifanias de Hans e Ulrich, um tragicômico fracasso na plataforma de lançamento. Resta apenas a submissão à força cega que é a história.

Não resta dúvida de que Houellebecq quer que encaremos o colapso da Europa moderna e a ascensão de uma Europa muçulmana como uma tragédia. "Significa o fim", disse ele a um jornalista, "do que é, afinal de contas, uma civilização antiga". Mas isso não faz do islã, pelo menos no romance, uma religião do mal, apenas uma religião realista. Não é o islã imaginário dos intelectuais não muçulmanos que o encaram em analogia com a Igreja católica (como acontece na França) ou com as crenças interiorizadas do protestantismo (como no norte da Europa e nos Estados Unidos). O islã aqui é uma força social estranha e intrinsecamente expansiva, um império em potencial. Pode ser pacífico, mas não se interessa por acordos nem pela ampliação do reino da liberdade humana. Quer moldar seres humanos melhores, e não mais livres.

Os críticos de Houellebecq consideram o romance antimuçulmano por partirem do princípio de que a liberdade individual é o mais alto valor humano — e se convenceram de que a tradição islâmica concorda com eles. Mas ela não concorda, tampouco Houellebecq. O que quer que pense a respeito disso, Houellebecq não tem o islã como alvo em *Submissão*. Ele é apenas um artifício para expressar a constante preocupação europeia de que a obstinada busca da liberdade — liberdade em relação à tradição e à autoridade, liberdade de perseguir os próprios fins — leva inevitavelmente ao desastre.

O romance que o revelou, *Partículas elementares*, centrava-se em dois irmãos portadores de feridas psíquicas insuportáveis depois de abandonados por pais hippies narcisistas que simbolizavam os anos 1960. Mas a cada romance vem-se tornando claro que, para Houellebecq, a crucial virada histórica ocorreu muito antes. Hoje ele considera que nossos problemas começaram com o ataque do Iluminismo à integridade orgânica da sociedade medieval e a busca cega pelo progresso tecnológico. As qualidades projetadas por Houellebecq no islã não são diferentes daquelas que desde a Revolução Francesa têm sido atribuídas à cristandade pré-moderna pela direita religiosa: uma família forte, educação moral, ordem social, o sentimento de um lugar próprio, uma morte que tenha significado e, acima de tudo, a vontade de persistir como cultura. E ele evidencia real compreensão daqueles — sejam militantes radicais de extrema direita ou islamistas radicais — que desprezam o presente e sonham voltar na história para recuperar o que supõem ter sido perdido. Todos os personagens de Houellebecq tentam fugir, em geral no sexo, agora na religião. Seu quarto romance, *A possibilidade de uma ilha*, passava-se num futuro muito distante no qual a biotecnologia permite o suicídio quando a vida se torna insuportável, para posterior reconstituição como clone, sem qualquer lembrança de nossos estados anteriores. Para Houellebecq, parece ser este o melhor dos mundos possíveis: imortalidade sem memória. A Europa em 2022 precisa encontrar outra maneira de fugir do presente, e "islã" simplesmente vem a ser o nome do próximo clone.

Michel Houellebecq não está indignado. Não tem uma agenda nem está brandindo os punhos contra os traidores da nação, como faz Éric Zemmour. Não obstante todo o seu conhecimento da cultura contemporânea — a maneira como amamos, como trabalhamos, como morremos —, o foco dos romances de Houellebecq é sempre a *longue durée* histórica. Ele parece acreditar verdadeiramente que a França, lamentável e irrevogavelmente, perdeu seu senso de identidade própria, mas não por causa do feminismo, da imigração, da União Europeia ou da globalização. Estes são apenas sintomas de uma crise iniciada há dois séculos, quando os europeus fizeram uma aposta com a história: quanto mais ampliassem a liberdade humana, mais felizes seriam. Para ele, a aposta foi perdida. E assim o continente está à deriva e exposto a uma tentação muito mais antiga, a de se submeter àqueles que afirmam falar em nome de Deus. Que se mantém distante e calado como sempre.

Posfácio

O cavaleiro e o califa

*Não digas: "Por que os tempos passados eram melhores que os de agora?"
Não é a sabedoria que te faz levantar essa questão.*

— Eclesiastes 7:10

Não muito depois de empreender suas primeiras aventuras, Dom Quixote é convidado a compartilhar de uma refeição frugal com um grupo de pastores de cabras. Um pouco de carne assada, queijo amarelo e muito vinho. Ao terminarem, os pastores espalham uma quantidade de bolotas de carvalho e começam a quebrá-las para desfrutar de uma sobremesa. Todos, exceto Dom Quixote, que se limita a rolá-las nas mãos, perdido em devaneios. Ele limpa a garganta. *Feliz a época e felizes os tempos chamados de ouro pelos antigos*, diz aos camponeses ocupados em mastigar. Era uma época em que bastava estender a mão para colher na abundância da natureza. Não havia o que é meu e o que é teu, não havia fazendas, nem produção de ferramentas agrícolas, nem produtores de ferramentas agrícolas. Pastoras modestas vestidas com simplicidade percorriam as colinas sem serem molestadas, parando apenas para ouvir a poesia espontânea e genuína dos seus castos amantes. Nenhuma lei era aplicada porque nenhuma era necessária.

Essa era acabou. Por quê? Os pastores não fazem a pergunta e Quixote não os molesta com esse conhecimento esotérico. Limita-se a lembrar-lhes o que já sabem, ou seja, que agora as donzelas e mesmo os órfãos não estão a salvo de predadores. Quando a Época de Ouro acabou, as leis tornaram-se necessárias; entretanto, como não havia corações puros para fazê-las valer, os fortes e cruéis tinham liberdade para aterrorizar os fracos e bons. Por isso foi criada na Idade Média a ordem dos cavaleiros, e por isso Quixote resolveu revivê-la nos tempos modernos. Os pastores ouvem em silêncio "estupefato e perplexo" aquele velho metido em seu capacete de *papier-mâché*. Sancho Pança, acostumado às arengas do patrão, continua bebendo.

Dom Quixote, como Emma Bovary, leu demais. Ambos são mártires da revolução de Gutenberg. O Cavaleiro da Triste Figura impregnou-se de tantas histórias de desejo sublimado e feitos heroicos que não é mais capaz de entender o que o cerca; Emma lê sobre fortunas que se fazem e desfazem, donzelas tiradas da obscuridade por condes garbosos, a vida como um eterno baile. *Ela desejava muito viajar; ansiava por voltar ao convento. Queria morrer. E queria viver em Paris*. Ambos sofriam, como sofremos todos nós, pelo fato de o mundo não ser o que deveria ser.

Mas Mary McCarthy equivocou-se ao escrever que "Madame Bovary é Dom Quixote de saias". O sofrimento de Emma é platônico; ela sai em busca, em todos os lugares errados e com todas as pessoas erradas, de um ideal apenas imaginado. Até o fim, ela acredita que obterá o amor e o reconhecimento que merece. O sofrimento de Quixote é cristão. Ele se convenceu de que um dia o mundo realmente foi o que devia ser, de que o ideal se fizera carne e então desaparecera. Depois desse antegosto do paraíso, seu sofrimento é mais agudo que o de Emma, que anseia pelo improvável, mas não pelo impossível. Quixote espera o Segundo Advento. Sua busca está fadada ao fracasso desde o início porque ele se rebela contra a natureza do tempo, que é irreversível e indômita. O que passou, passou; esta é a ideia que ele não suporta. A literatura cavaleiresca privou-o de ironia, a armadura dos lúcidos. A ironia pode ser definida como a capacidade de se acomodar à defasagem entre o real e o ideal sem violentar nenhum dos dois. Quixote sofre da ilusão de que a defasagem que percebe foi causada por uma catástrofe histórica, não estando simplesmente enraizada na vida. Ele é um messias tragicômico, vagando pelo deserto da própria imaginação.

A fantasia de Quixote escora-se num pressuposto sobre a história: o passado já vem previamente dividido em épocas distintas e coerentes. Uma "época", naturalmente, nada mais é que um espaço entre dois sinalizadores que colocamos na fita do tempo para tornar a história legível para nós mesmos. Fazemos o mesmo ao esculpir "eventos" no caos da experiência, como descobriu o Fabrizio del Dongo de Stendhal em sua vã busca da batalha de Waterloo. Para estabelecer alguma ordem no nosso pensamento, precisamos impor uma ordem pré-fabricada ao passado. Falamos metaforicamente do "alvorecer de uma era" ou do "fim de uma época", sem querer dizer com isso que em determinado momento uma fronteira foi transposta. Quando o passado é remoto, temos especial consciência do que estamos fazendo e nada parece estar particularmente em jogo quando, digamos, deslocamos os limites da época do Plistoceno ou da Idade da Pedra um milênio para a frente ou para trás. As distinções existem para nos servir e, quando não o fazem, tratamos de revê-las ou ignorá-las. Em princípio, o que a taxinomia é para a biologia, a cronologia deveria ser para a história.

Quanto mais nos aproximamos do presente, contudo, mais nossas distinções dizem respeito à sociedade, e mais carregada se torna a cronologia. O que também se aplica à taxinomia. O conceito de raça tem determinada ressonância quando aplicado a plantas e outra quando aplicado a seres humanos. O perigo, no último caso, é a reificação. Isso acontece quando, para conferir sentido à realidade, desenvolvemos um conceito para ajudar a explicar as coisas (o grupo linguístico "ariano", por exemplo) e em seguida o declaramos um fato inscrito na realidade (um povo "ariano" homogêneo, com uma cultura e uma história distintas). Estamos aprendendo a não fazer isso com a raça, mas quando se trata de entender a história ainda somos criaturas incorrigivelmente reificadoras.

A necessidade de dividir o tempo em épocas parece entranhada em nossa imaginação. Notamos que as estrelas e as estações seguem ciclos regulares e que a vida humana percorre um arco do nada à maturidade e de volta ao nada. Para civilizações antigas e modernas, esse movimento da natureza forneceu metáforas irresistíveis para a descrição de mudanças cosmológicas, sagradas e políticas. Mas, à medida que envelhecem e migram da imaginação poética para o mito social, as metáforas assumem a forma enrijecida de certezas. Não é preciso ter lido Kierkegaard ou Heidegger para conhecer a angústia que acompanha a consciência histórica, aquela convulsão interna que ocorre quando o tempo dá uma guinada para a frente e nos sentimos catapultados para o futuro. Para abrandar essa convulsão, dizemos a nós mesmos que sabemos na verdade de que maneira uma época se seguiu a outra desde o início. Essa mentira caridosa nos dá a esperança de alterar o curso futuro dos acontecimentos, ou pelo menos de aprender a nos adaptar a eles. Parece haver até um certo consolo em pensar que fomos apanhados numa história predeterminada de declínio, desde que possamos ter a expectativa de uma nova virada da roda, ou de um evento escatológico que nos transporte para além do próprio tempo.

O pensamento em termos de épocas é um pensamento mágico. Até as maiores mentes sucumbem a ele. Para Hesíodo e Ovídio, as "eras do homem" eram uma alegoria, mas para o autor do Livro de Daniel os quatro reinos destinados a governar o mundo eram uma certeza profética. De Eusébio a Bossuet, os apologistas cristãos viam a mão providencial de Deus modelando distintas eras que assinalavam a preparação, a revelação e a disseminação do Evangelho. Ibn Khaldun, Maquiavel e Vico julgavam ter descoberto o mecanismo pelo qual as nações evoluem de um começo tosco até chegar ao apogeu, decaindo no luxo e na literatura, para então retornar ciclicamente às origens. Hegel dividiu a história de praticamente todo empreendimento humano — política, religião, arte, filosofia — numa serpenteante trama temporal de tríades dentro de tríades. Heidegger falava elipticamente de "épocas na história do Ser" iniciadas e encerradas por um destino além do entendimento humano (embora às vezes ele deixe sinais, como a suástica). Até nossos profetas acadêmicos menores da pós-modernidade, usando o prefixo *pós-*, parecem incapazes de superar a compulsão de separar uma época de outra. Ou de considerar que sua própria época é a culminante, aquela em que se revela que todos os gatos no fim das contas são pardos.

Narrativas de progresso, retrocesso e ciclos partem todas do princípio de um mecanismo através do qual ocorrem as mudanças históricas. Poderia ser a lei natural do cosmo, a vontade de Deus, o desenvolvimento dialético da mente humana ou de forças econômicas. Uma vez entendido o mecanismo, podemos estar certos de entender o que realmente aconteceu e o que virá. Mas e se não houver esse mecanismo? E se a história estiver sujeita a súbitas erupções que não podem ser explicadas por qualquer ciência da tectônica temporal? São estas as questões que surgem diante dos cataclismos para os quais nenhuma racionalização parece adequada e nenhum consolo parece possível. Em reação a isso, desenvolve-se uma visão apocalíptica da história identificando um corte no tempo que aumenta a cada ano que passa, distanciando-nos de uma época que foi dourada ou heroica ou simplesmente normal. Nessa visão, existe na verdade apenas um evento na história, o *kairos* que separa o mundo a que estávamos destinados do mundo no qual temos de viver. Isso é tudo que podemos saber, e devemos saber, a respeito do passado.

A própria história apocalíptica tem uma história, servindo de registro do desespero humano. A expulsão do Éden, a destruição do Primeiro e do Segundo Templos, a crucificação de Jesus, o saque de Roma, o assassinato de Hussein e Ali, as Cruzadas, a queda de Jerusalém, a Reforma, a queda de Constantinopla, a Guerra Civil Inglesa, a Revolução Francesa, a Guerra Civil Americana, a Primeira Guerra Mundial, a Revolução Russa, a abolição do Califado, a Shoah, a Nakba palestina, a "década de 1960", o 11 de setembro — todos esses acontecimentos inscreveram-se em memórias coletivas como rupturas definitivas na história. Para a imaginação apocalíptica, o presente, e não o passado, é um território estrangeiro. É por isso que ela está tão inclinada a sonhar com um segundo evento que escancare as portas do paraíso. Sua atenção se fixa no horizonte enquanto espera o Messias, a Revolução, o Líder ou o próprio fim dos tempos. Só um apocalipse pode nos salvar agora: diante da catástrofe, essa mórbida convicção pode parecer puro bom senso. Mas ao longo da história também provocou esperanças descabidas que inevitavelmente foram frustradas, deixando ainda mais infelizes os que nelas haviam acreditado. As portas do Reino permaneciam fechadas, e tudo que restava era a memória da derrota, da destruição e do exílio. E fantasias sobre o mundo que perdemos.

Para quem nunca experimentou derrota, destruição ou exílio, é inegável o charme da perda. Uma agência de viagens alternativa da Romênia disponibiliza um "lindo tour decadentista" por Bucareste que oferece ao visitante um panorama da paisagem urbana pós-comunista — prédios cheios de escombros e vidro quebrado, fábricas abandonadas e invadidas pelo mato, esse tipo de coisa. Os comentários online são entusiásticos. Jovens artistas americanos que não se sentem valorizados na gentrificada Nova York estão se mudando para Detroit, a Bucareste dos Estados Unidos, para sentir de novo a força da determinação. Os cavalheiros ingleses sucumbiram a algo semelhante no século XIX, comprando abadias abandonadas e casas de campo onde tiritavam de frio nos fins de semana. Para os românticos, a decadência do ideal é o ideal.

La nostalgie de la boue não tem nada a ver com as vítimas da história. Vendo-se do outro lado do abismo que separa o passado do presente, alguns reconhecem a perda e se voltam para o futuro, com ou sem esperança: o sobrevivente dos campos de concentração que nunca se refere ao número tatuado no braço, brincando com os netos numa tarde de domingo. Outros permanecem na beira do abismo e veem as luzes se apagando do outro lado, noite após noite, com a mente ricocheteando entre a raiva e a resignação: os velhos russos brancos sentados em torno de um samovar numa *chambre de bonne*, as pesadas cortinas fechadas, chorando enquanto cantam velhas canções. Alguns, no entanto, tornam-se idólatras do abismo. Ficam obcecados em se vingar do demiurgo que acaso tenha provocado sua abertura. Sua nostalgia é revolucionária. Como a continuidade do tempo já foi rompida, começam a sonhar com uma segunda ruptura para fugir do presente. Mas em que direção? Seria o caso de achar o caminho de volta ao passado e exercer o direito de retorno? Ou andar para a frente em direção a uma nova era inspirada pela Era de Ouro? Reconstruir o Templo ou encontrar um kibutz?

A política da nostalgia diz respeito única e exclusivamente a esse tipo de questões. Depois da Revolução Francesa, aristocratas desapropriados e o clero acamparam ao longo da fronteira da França convencidos de que logo voltariam para casa e arrumariam de novo os móveis. Tiveram de esperar um quarto de século, e a essa altura a França já não era o que havia sido.

A Restauração não foi uma restauração. Mas o monarquismo católico nostálgico continuou sendo uma corrente forte na política francesa até a Segunda Guerra Mundial, quando movimentos como a Action Française finalmente caíram em desgraça por terem colaborado com Vichy. Ainda existem pequenos grupos de simpatizantes, contudo, e o jornal *Action Française* continua a ser vendido nas bancas, como um fantasma, quinzenalmente. A derrota dos alemães na Primeira Guerra Mundial empurrou Adolf Hitler na direção oposta. Ele poderia ter projetado a imagem de uma velha Alemanha restaurada de aldeias conservadoras aninhadas em vales bávaros, povoada por Hans Sachses capazes de cantar e combater. Mas em vez disso falava de uma nova Alemanha inspirada pelas antigas tribos e legiões romanas, já agora cavalgando tanques que disparavam tempestades de aço e dominando uma hipermoderna Europa industrial livre de judeus e bolcheviques. Rumo ao passado.

A historiografia apocalíptica nunca sai de moda. Os conservadores americanos de hoje aperfeiçoaram um mito popular sobre como a nação surgiu fortalecida e virtuosa da Segunda Guerra Mundial, para tornar-se, depois da Nakba dos anos 1960, uma sociedade licenciosa governada por um ameaçador Estado secular. Eles estão divididos sobre como reagir a isto. Alguns querem voltar a um passado tradicional idealizado; outros sonham com um futuro libertário no qual serão revividas as virtudes dos tempos da conquista e a velocidade da internet será espantosa. As coisas são mais sérias na Europa, especialmente no leste, onde antigos mapas da Grande Sérvia, guardados no refrigerador desde 1914, foram desencavados e postados na internet assim que o Muro de Berlim caiu, e os húngaros começaram a contar de novo velhas histórias sobre como a vida era muito melhor quando não havia tantos judeus e ciganos por aí. As coisas atingiram um ponto crítico na Rússia, onde todos os problemas são atualmente atribuídos ao catastrófico desmoronamento da URSS, o que permite a Vladimir Putin vender sonhos de um império restaurado abençoado pela Igreja ortodoxa e sustentado por pilhagem e vodca.

Mas é no mundo muçulmano que a crença numa Época de Ouro perdida é mais potente e consequente hoje em dia. Quanto mais nos aprofundamos na literatura do islamismo radical, mais entendemos o apelo do mito. É mais ou menos assim. Antes da chegada do Profeta, o mundo vivia uma era de ignorância, a *jahilyya*. Os grandes impérios estavam mergulhados em imoralidade pagã, o cristianismo desenvolvera um monasticismo de negação da vida e os árabes eram bêbados e jogadores supersticiosos. Maomé foi então escolhido como veículo da revelação final de Deus, que elevou os indivíduos e povos que a aceitaram. Os companheiros do Profeta e os primeiros califas foram impecáveis transmissores da mensagem e começaram a construir uma nova sociedade baseada na lei divina. Mas logo, incrivelmente cedo, o elã dessa geração fundadora se perdeu. E nunca mais foi recuperado. Nas terras árabes sucediam-se os conquistadores — omíadas, abássidas, cruzados cristãos, mongóis, turcos. Quando os crentes permaneciam fiéis ao Corão, havia alguma aparência de justiça e virtude, e transcorreram alguns séculos nos quais as artes e as ciências progrediram. Mas o sucesso sempre trazia luxo, e o luxo gerava vício e estagnação. A vontade de impor a soberania de Deus pereceu.

Inicialmente, a chegada das potências coloniais no século XIX pareceu apenas mais uma cruzada ocidental. Mas na verdade representou um desafio totalmente novo e muito mais grave para o islã. Os cruzados medievais queriam derrotar os muçulmanos militarmente e convertê-los a outra religião. A estratégia dos modernos colonizadores era enfraquecer os muçulmanos distanciando-os totalmente de qualquer religião e lhes impondo uma ordem secular imoral. Em vez de enfrentar santos guerreiros no campo de batalha, os novos cruzados simplesmente apresentavam as quinquilharias da moderna ciência e tecnologia, hipnotizando os inimigos. Se abandonarem Deus e usurparem Seu legítimo domínio sobre vocês, rugiam, tudo isso lhes pertencerá. Não demorou para que o talismã da modernidade secular cumprisse sua missão e as elites muçulmanas se tornassem fanáticas do "desenvolvimento", mandando os filhos — inclusive as meninas — para escolas e universidade seculares, com resultados previsíveis. Foram estimuladas nesse sentido por tiranos que as governavam com apoio do Ocidente e a seu mando reprimiam os fiéis.

Todas essas forças — secularismo, individualismo, materialismo, indiferença moral, tirania — convergiram para criar uma nova *jahilyya* contra a qual todo fiel muçulmano deve lutar, como fez o Profeta no alvorecer do sétimo século. Ele não aceitou acordos, não liberalizou, não democratizou, não perseguiu o desenvolvimento. Falou a palavra de Deus e instituiu a Sua lei, e cabe a nós seguir seu exemplo sagrado. Feito isso, a gloriosa época do Profeta e seus companheiros voltará para sempre. *Inshallah*.

Há muito pouco de caracteristicamente muçulmano nesse mito. Mesmo o sucesso na mobilização de fiéis e na inspiração de atos de extraordinária violência tem precedentes nas cruzadas e nas tentativas nazistas de voltar a Roma através do Valhalla. Quando a Época de Ouro encontra o Apocalipse, a terra começa a tremer.

O que impressiona é a pequena quantidade de anticorpos de que o pensamento islâmico contemporâneo dispõe contra esse mito, por motivos históricos e teológicos. Entre as joias de sabedoria e poesia do Corão, também encontramos certo grau de insegurança, inabitual em textos sagrados, sobre o lugar do Islã na história. Já nas primeiras suras somos convidados a compartilhar a frustração de Maomé por ter sido rechaçado por judeus e cristãos, cujo legado profético ele vinha cumprir, e não abolir. Mal o Profeta dá início à sua missão, e a história sai um pouco dos trilhos, sendo necessária uma adaptação para os "povos do Livro", cegos ao tesouro que lhes é oferecido. São Paulo enfrentou um desafio semelhante em suas cartas, nas quais recomendava coexistência pacífica entre cristãos pagãos, cristãos judeus e judeus não cristãos. Certos versículos corânicos são generosos e tolerantes com a resistência ao Profeta. Mas é muito maior o número dos que não o são. O Corão tem, em relação ao seu próprio caráter tardio, um inconfundível sentimento misto de inferioridade e ressentimento tendente a culpar os outros que pode ser explorado facilmente pelos que nutrem o mesmo sentimento quanto ao presente. Leitores despreparados que ignorem as profundas tradições intelectuais da interpretação corânica e por algum motivo sintam ou possam ser levados a sentir indignação por suas próprias condições de vida são presas fáceis para quem se disponha a usar o Corão para ensinar que rancores históricos são sagrados. Daí não é um passo grande começar a pensar que a vingança histórica também é sagrada.

Uma vez terminada a carnificina, que terá mesmo de terminar, seja por exaustão ou derrota, o patos do islamismo político merecerá tanta reflexão quanto sua monstruosidade. Quase chegamos a nos ruborizar só de pensar na ignorância histórica, na devoção fora de propósito, no senso de honra superdimensionado, na arrogância adolescente impotente, na cegueira ante a realidade, e no medo dela, que estão por trás da febre assassina. O patos do Quixote é muito diferente. O Cavaleiro da Triste Figura é absurdo mas nobre, um santo sofredor encalhado no presente e que deixa os que cruzam seu caminho aprimorados, ainda que levemente chamuscados. É um fanático flexível, que de vez em quando pisca para Sancho Pança, como se dissesse: *Não se preocupe, sei o que estou fazendo*. E sabe quando parar. Depois de derrotado numa batalha simulada pelos amigos para tentar acordá-lo dos seus sonhos, ele abre mão da cavalaria, adoece e nunca mais se recupera. Sancho tenta reanimá-lo propondo que se retirem para o campo para levar uma vida simples de pastores, como na Época de Ouro. Mas de nada adianta; ele se encaminha com humildade para a morte. Um Quixote vitorioso e vingativo seria impensável.

A literatura do islamismo radical é uma versão em pesadelo do romance de Cervantes. Os que a escrevem também se sentem naufragados no presente, mas têm a certeza divina de que o que se perdeu no tempo pode ser encontrado com o tempo. Para Deus, o passado nunca é passado. A sociedade ideal sempre é possível, pois já existiu e não há condições sociais necessárias para sua concretização; o que já foi e deve ser, pode ser. Faltam apenas fé e vontade. O adversário não é o tempo propriamente, mas aqueles que em todas as épocas históricas se interpuseram no caminho de Deus. Essa poderosa ideia não é nova. Analisando as reações conservadoras às revoluções de 1848, Marx escreveu que em épocas de crise revolucionária "invocamos ansiosos o espírito do passado" para nos reconfortar diante do desconhecido. Mas ele acreditava que tais reações fossem temporárias e a consciência humana estivesse destinada a atentar para o que de fato acontece no mundo material. Hoje, quando as histórias políticas para ninar parecem mais potentes que as forças econômicas, fica difícil compartilhar dessa confiança. Temos plena consciência de que os slogans revolucionários mais poderosos da nossa época começam com *Era uma vez...*

Agradecimentos

Todos os capítulos deste livro, exceto um, foram extraídos de ensaios publicados originalmente na revista *The New York Review of Books*. A exceção é "De Lutero ao Walmart", publicado numa versão anterior em *The New Republic*. Meus agradecimentos a Robert Silvers e Leon Wieseltier pelo estímulo e pelo penetrante espírito crítico, ao longo de muitos anos.

Também sou grato ao Institut d'Études Avancées de Paris por me aceitar como pesquisador enquanto concluía este livro. Um agradecimento especial à diretora do Institut, Gretty Mirdal, e a Simon Luck, Marie-Thérèse Cerf, Geneviève Marmin e à família Boulhares.

A mente naufragada é dedicado aos meus queridos amigos Andrew Stark e Damon Linker.

Este livro foi composto na tipografia Minion
Pro, em corpo 11/16, e impresso em
papel off-white no Sistema Cameron da
Divisão Gráfica da Distribuidora Record.